スペイン語で愛でる
万 葉 集

Colección de la miríada de hojas
Man'yoshu

訳・注　　伊藤昌輝

監　修　　エレナ・ガジェゴ・アンドラダ

Traducción directa del
　　japonés y notas : Masateru Ito

Revisión de la traducción : Elena Gallego Andrada

目次　Indice

宝永版本万葉集

↑

卷一：二
Tomo I : 2
págs. 36-37

Man'yoshu,
edición del período Hôei (1704-11)

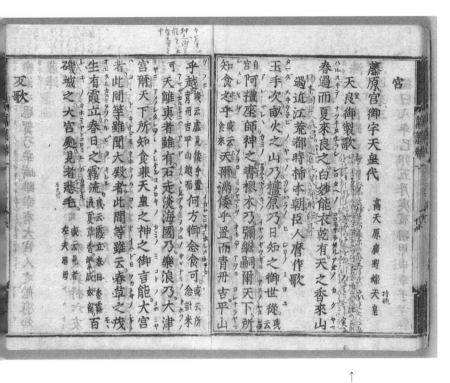

Conservado en el Museo de Cultura Man'yo
de la prefectura de Nara

右ページ:

紀州聯

山部宿祢赤人望不盡山歌一首 幷短歌

天地之分時從神左備弖高貴寸駿河有布士
能高嶺乎天原振放見者度日之陰毛隠比照
月乃光毛不見白雲母伊去波伐加利時自久
曽雲者落家留語告言繼將徃不盡能高嶺者

反歌

田兒之浦従打出而見者真白衣不盡能高嶺

左ページ:

爾雪波零家留、

諭不盡山歌一首 幷短歌

奈麻余美乃甲斐乃國打縁流駿河能國與己
知其智乃國之三中從出立有不盡能高嶺者
天雲毛伊去波伐加利飛鳥母毛不上燎火乎
雪以滅落雪乎火用消通都言不得名不知
靈母座神香聞石花海跡名付而有毛彼山之

↑

巻三：三一八
Tomo III : 318
págs. 102-103

日者山四見容之、秋夜者河四清之、旦雲一名夕
顕羽亂夕霧开、河津者驟毎見哭洹所泣古思

者ハ

反歌

明日香河川余藤不去、立霧乃念應過孤悲尓
不有國

門部王在難波見漁父燭光作歌一首

見渡首明石之浦尓燒火乃保尓曽出流妹尓
恋久、

或娘子等賜裹乾鰒戲請通觀僧之咒願時

通觀作歌一首

海若之奥尓持行而雖放宇礼牟曽此之將死
遷生、

太宰少貳小野老朝臣歌一首

青丹吉寧樂乃京師者咲花乃薰如今盛有

防人司祐大伴四綱歌二首

●　●

岫結霧烏對歟而迷林庭舞新蝶空歸故僞於
是盖天坐地促膝飛觴忘言一室之裏開衿煙
霞之外淡然自放快然自足若非翰苑何以攄
情請紀落梅之篇古今夫何異矣宜賦園梅聊
成短詠

武都紀多知波流能吉多良婆可久斯許曽烏
梅乎乎利都々多努之岐乎倍米　大貳紀卿

烏梅能波奈伊麻佐家流碁等知利須義受和
我覇能曽能爾阿利己世奴加毛　少貳小野大夫

烏梅能波奈佐吉多流僧能々阿遠也疑波可
豆良爾美倍久奈利爾家良受　少貳粟田大夫

波流佐礼婆麻豆佐久耶登能烏梅能波奈比
等利美都々可母　筑前守山上大夫

余能奈可波古飛斯宜志恵夜加久之許曽烏
梅乎可射之弖多努之久能麻米　豐後守大伴大夫

我屋戸能曽能爾阿利己世奴加毛　少貳佐氏子首

烏梅能波奈奈爾母奈良麻佐可利奈理意母
布度知加射之爾斯弖奈伊麻佐加利奈理

↑

卷五：八一八
Tomo V : 818
págs. 162-163

句面之誤

帥

反歌

拾穂抄ニ此／二字首ニ於テ例

人爾斯咩斯多多麻比豆余呂豆余爾比都具
可禰等和多乃能曽許意抒都布可延乃宇奈可
美乃故布乃波良爾美豆可良慈可志多羨多
比豆可武奈何良可武佐備伊麻須久志美羨多
麻伊麻能遠都豆爾多布刀夜呂可傳、

能久斯羨多麻志可志家良斯母、

阿米都知能能等爾比佐斯久伊比都夏等許

右重傳言那珂郡伊知鄕襄島人建部牛麻

呂是也

梅花歌三十二首并序

天平二年正月十三日萃于帥老之宅申宴會
也于時初春令月氣淑風和梅披鏡前之粉蘭
薫珮後之香加以曙嶺移雲松掛羅勿傾盖夕

↑

巻五：梅花歌序

Tomo V : Prefacio a los poemas
　　　de las flores del ciruelo

我

烏梅乃波奈知良麻久怨之美和家曽乃々多

能紀能夜麻布理都々

烏梅能波夜麻爾由金波布理都々大監大伴

和何則能爾宇米能奈知流比佐可湏我爾許

彌豆能能知波奈知利奴與斯

阿乎夜奈義烏梅等能波奈乎遠理可射之能

射之爾斯旦奈伊麻佐可利奈理筑後守葛

我

氣乃波也之之稱丁具比須奈久等

烏梅能波奈佐吉多流曽能能阿乎夜疑遠加

豆良爾志都都阿素比久良佐奈

有知奈毗久波流能能能爾

梅能波奈等等伊可爾和可武

波流佐禮婆許奴禮我久利弖

岐豆伊奴流烏梅我志豆延爾

比等期等爾乎理加射之都都阿蘇倍等母伊

まえがき

　『万葉集』は日本人の心の古典であり、世界に比類のない民族詩の金字塔です。また、日本語の叙情詩集の最大のものであり、現存する最古の歌集でもあります。

　万葉集という言葉の意味については様々な説があります。一つはよろずの言の葉を集めたものという意味、または歌を葉に例えて、多くの歌を集めたものという意味、あるいは「万葉」という言葉に万代(永久)といった意味があるので、この歌集が永く伝わるようにという意味などです。

　万葉の歌が詠まれた、7世紀の後半から8世紀後半の時代は万葉時代と呼ばれます。大和(日本)が独立国家の建国を目指していた時期で、国家のアイデンティティとしても和歌は重要な働きをしていました。

　『万葉集』の成立年時や撰者については諸説ありますが、奈良朝(710-794)の末に成立し、大伴家持(717?-785)が編纂に最も深い関係を持ったとされています。歌の数は4500首余りで、大半は約130年の間に作られました。その年代としては、主に三つの時期に分けられます。第一は、舒明天皇、天智天皇、額田王、天武天皇等の出たいわゆる初期万葉時代です。天皇や皇子や皇女が多く、その歌のなかには、形式の上でも(五・七の句が規則的でないことなど)、内容の上でも(民謡的あるいは儀式的なことなど)、「古代歌謡」に近いものがあります。この初期の時代は、専門歌人ではないが、多くの秀作があり、万葉の古典時代といえます。第二は藤原朝になって天皇家の歌人ではなく、職業的な宮廷詩人として現れたかの柿本人麿(662-710)の活躍した時代です。万葉の歌が、素朴な上代歌謡の段階から完全な文学作品の域に達したのは、人麿の力に

負うところが大きいでしょう。そして第三は山上憶良・大伴旅人・山部赤人・大伴家持等の出た奈良時代、この三つです。

山上憶良 (660-733) は晩年旅人の配下として筑前守（今の福岡県知事にあたる）を勤めた人ですが、これよりさき遣唐使の随員としてしばらく入唐したこともあります。現在遺っている憶良の歌は、大部分老年期の作ですが、それは肉親の愛情や生きる者の苦悩、世渡りの難しさなど、切実な人生をうたっています。貧者の生活苦を憐れんだ長歌などは、古典文学中絶えて比類をみない社会詩といえるでしょう。

大伴旅人 (665-731) は太宰帥（九州全体の長官）や、大納言の栄職を歴任した名門の高官です。憶良らとともに、中国文学に精通した当代の新知識だったので、その歌には純日本的な人麿の作と比べて、時代の変化を思わせるものがあります。

山部赤人 (700-736) は、人麿と並び称されますが、人麿と同じく官位は低かったようです。人麿が叙情歌人であるのに対し叙景歌人です。その歌は、人麿のような規模の雄大さや修辞の変化などには欠けますが、清澄優美な自然観照において新しい境地を開きました。

万葉末期を代表する作家は、旅人の子大伴家持です。万葉の撰者に擬せられているだけあって、この人の作が断然多く選ばれています。彼は武門の名家として、尚武の気性や家名尊重の精神などを鼓舞した歌も作りましたが、どちらかといえば感傷的な作家でした。その情緒的な作品は、のちの平安朝歌風の先駆をなすものともいわれます。

歌体（詩形）は、「古事記」「日本書紀」のように5と7の組み合わせがはっきりしていなかった時代と、「古今集」のように5・7・5・7・7の短歌中心の時代のちょうど中間に位置します。万葉集の9割以

上は短歌ですが、五七の句を3回以上繰り返して最後に七音を添え
た長歌も260首ほどあります。また長歌には、最後に反歌と称して、
短歌を一首ないし数首添える場合が多く見られます。反歌は、長歌
の意を要約してさらに反復したり、あるいは補足したりするもので
す。

　歌は、その内容により、三つに分けられ、その一つは「雑歌」で
す。賀・宴・旅・伝説・その他のくさぐさに係るものです。その二
は「相聞歌」、つまり恋の歌です。いつの時代にも恋はあり、また恋
の歌がうたわれましたが、『万葉集』ほどそれが数多く、かつ生き生
きと歌われた例はあまり類がないでしょう。その三は、「挽歌」で、
死者に寄せるものです。しかし、仏教はまだ大衆のなかに浸透して
いなかったばかりでなく、貴族支配層の「挽歌」にも浸透していな
かったようです。死者の行くところは、おそらく地下の黄泉の国で
あって、仏教的来世ではなかったのでしょう。

　大陸文化の風靡していた奈良朝時代の所産でありながら、万葉集
はむしろ不思議なほどよく日本的特性を保ち、純朴な国民的精神を
発揮しているといえるでしょう。現実の生活に即した真摯な写実的
作品に富むのは万葉集の生命です。取材の範囲も自由多彩です。上
は天皇・皇族から、下は地方の庶民に至るまで、社会の各層の歌を
あまねく網羅していることもこの集独自の一大特色です。後の古今
集以下の勅撰集が、ほとんど都会の貴族階級ないし専門歌人の作の
みに限ったのに比べて、変化と精彩とに富むゆえんとなっています。
万葉時代は日本国家の興隆期で、貴族の生活文化が、平安朝のよう
に庶民社会とはなはだしく遊離するには至らず、比較的健康で活発
な民族的気魄を失わなかったことが、この誇るべき国民的大歌集の
実現を可能にしたともいえるでしょう。

　万葉集に特徴的な和歌として、感情や自然の雄大さを素朴に表現

したもの、庶民のこころを描いたもの、関東・東北地方を舞台にして詠まれた「東歌」や、筑紫・九州北岸地方での軍備・警護のために連れてこられた人々の哀しい「防人の歌」などがあります。

　『万葉集』のもう一つの特徴は、女流歌人が多いことでしょう。おそらく叙情詩の作者にこれほど女性の多かった時代は、古今東西に例が少ないのではないでしょうか。日本の女流文学は、突然平安時代の女房文学にはじまったのではなく、すでに『万葉集』の時代からこの国の文学に女性の演じてきた役割は大きかったようです。女流作家が消えていったのは、13世紀以来の武士支配階級の倫理、殊に儒教イデオロギーを借りて強化された男女差別観の徹底によるものだと思われます。

　まだひらがなやカタカナがなかった頃ですので、日本語のヨミを書きあらわすために、漢字が使われていました。（例　袖ふる＝袖布流）　このような漢字の使い方が万葉集に多く見られるため、「万葉仮名」と呼ばれています。この万葉仮名が基本となって、のちにひらがな・カタカナが生まれました。

　なお、2019年5月に新元号「令和」は万葉集巻五、梅花の歌三十二首の序文から採られていますが、本書においては梅花の歌三十二首のうちの四首が含まれています。

　本書は4500首余りの歌の中からわずか100首のみを取り上げました。歌そのものを味わっていただくことを主眼とし、注釈等は必要最小限に止めました。一首一首を大切に取扱い、反復熟読されることを期待しています。

　　　　　　　　　　　　　伊藤昌輝 / エレナ・ガジェゴ

Prólogo

Man'yoshu es una obra clásica que refleja la idiosincrasia y esencia del alma japonesa y una antología monumental de la poesía universal sin parangón en el mundo. Asimismo es la colección más voluminosa y antigua de la poesía lírica existente en la lengua japonesa.

Hay diversas teorías sobre el significado de *Man'yoshu*, que literalmente quiere decir: "diez mil hojas": Una argumenta que significa "antología de miríadas de palabras", otra lo interpreta como "colección de múltiples poemas", comparando los poemas a las hojas, y la tercera defiende que fue así denominada con la plegaria de "perpetuarse por numerosas generaciones", ya que *man'yo* implica también el concepto de eternidad.

La mayoría de los poemas de esta antología se compusieron en el período de mediados del S. VII a mediados del S. VIII, de modo que esa época se llama también "período *Man'yo*" y corresponde a la época en que *Yamato* (Japón) pretendía fundar un Estado como país independiente y el poema *waka* desempeñaba un importante papel para la identidad del pueblo.

Existen varias hipótesis sobre las fechas en que fue compilada esta antología y actualmente se considera que fue a finales de la era Nara (710-794) y Ôtomo Yakamochi (717?-785) fue quien desempeñó el papel principal para su compilación. El número de poemas supera los cuatro mil

quinientos, su mayoría fueron compuestos durante apro-
ximadamente ciento treinta años y se dividirían en las
siguientes tres épocas:

— La primera fue la época temprana de *Man'yo*, en la
que componen el emperador Jomei, el emperador Tenchi,
la princesa Nukata y el emperador Tenmu, entre otros.
La mayoría de los poetas fueron emperadores, príncipes
y princesas y algunos poemas suyos eran similares a los
publicados en *Kojiki* (Crónicas de antiguos hechos de Japón)
y *Nihonshoki* (el segundo libro más antiguo sobre la historia
de Japón) tanto en la forma (eran irregulares las rimas de
5-7 sílabas) como en el contenido, de tipo ceremonial o de
canto popular. En aquella temprana época, se compusieron
excelentes poemas, aún cuando sus autores no eran poetas
profesionales.

— La segunda fue la época Fujiwara (694-710), con la
capital en Asuka, en la que desplegaron una notable
actividad, no ya poetas de la familia imperial, sino
también poetas profesionales de la corte, en particular,
Kakinomoto Hitomaro (662-710). El hecho de que los
poemas de *Man'yoshu* alcanzaran plenamente el nivel de
obras literarias, superando el valor de los sencillos cantos
de la edad antigua, fue debido en gran medida al talento de
Hitomaro.

— Y la tercera época fue la era Nara en que emergieron
Yamanoue Okura, Ôtomo Tabito, Yamabe Akahito, Ôtomo
Yakamochi, etc..

Yamanoue Okura (660-733) ocupó, en los últimos años de

su vida, el cargo de gobernador de Chikuzen (actual prefectura de Fukuoka, Kyûshû) como subordinado de Ôtomo Tabito, pero también había permanecido en China por un breve período de tiempo como miembro del séquito del embajador. La mayoría de los poemas de Okura que perduran hoy día son obras de su senectud y cantan al amor entre parientes carnales, los sufrimientos de la vida, las dificultades de este mundo, etc.. Sus poemas largos, que se compadecen de la miserable situación del pueblo llano, podrían considerarse como poemas de carácter social sin par en la literatura clásica.

Ôtomo Tabito (665-731) era un alto funcionario de ilustre linaje y ocupó importantes cargos, por ejemplo, gobernador general del *Dazaifu*, equivalente a gobernador de toda la isla de Kyûshû, así como también el cargo honorífico de *Dainagon* o gran consejero. También estaba versado en literatura china, nueva área de conocimiento de los aristócratas de la época, de modo que hace pensar en un cambio de tiempos en comparación con los poemas genuinamente japoneses de Hitomaro.

Yamabe Akahito (700-736), tan conocido como Hitomaro, ocupaba un puesto irrelevante en el gobierno, igual que éste, quien era poeta lírico, mientras que Akahito era paisajista. Sus poemas carecen de la grandiosidad, envergadura y la variedad retórica que poseía Hitomaro, pero abrió nuevos horizontes en la descripción limpia, clara y elegante de la naturaleza.

Ôtomo Yakamochi, hijo de Tabito, es un poeta que representa las postrimerías del período *Man'yo*. Con razón se atribuye a Yakamochi la recopilación de la antología *Man'yoshu*, pues abundan sus poemas. Como miembro de una ilustre familia guerrera, compuso poemas que alientan el espíritu marcial y el respeto al honor de la familia, pero fue un poeta más bien sentimental. Se dice que sus emotivos poemas fueron precursores de los poemas de la era Heian (794-1185).

Las formas de poesía de *Man'yoshu* se sitúan en el intermedio entre las de la época de *Kojiki* y *Nihonshoki*, cuando aún no estaba establecida la combinación de las sílabas de 5 y 7, y las de la época de *Kokin Wakashu* (Antología de Poesía Antigua y Moderna), en la que la forma del *tanka* de 5-7-5-7-7 sílabas estaba ya determinada. Más del 90 % de los poemas de *Man'yoshu* son *tanka*, (5-7-5-7-7), aunque también hay casi doscientos sesenta *chôkas* (poemas largos) que repiten más de tres veces 5-7 sílabas y terminan con 7 sílabas. Asimismo al *chôka* se le agrega uno o varios *hankas* con frecuencia al final. Los *hankas* resumen, repiten o complementan el propósito del *chôka*.

Los poemas de *Man'yoshu* se dividen en tres categorías según su contenido:

— La primera es de "poemas misceláneos": felicitaciones, festejos, viajes, leyendas y otros diversos temas.

— La segunda es *"sômon-ka"*, o intercambio mutuo de poemas de amor. En todas las épocas de la historia de Japón se ha cantado al amor, pero raras veces con tanta frecuencia y viveza como en *Man'yoshu*.

— Y la tercera categoría es la de la elegía, poemas que lamentan una muerte. Pero parece que el budismo aún no había penetrado no solamente en las clases populares sino tampoco en las elegías de los gobernantes aristócratas. En aquellos tiempos probablemente aún se consideraba que el paradero de los difuntos era el otro mundo del subsuelo y no el otro mundo prometido por el budismo.

Man'yoshu, a pesar de ser una creación literaria de la era Nara, cuando la cultura del continente asiático ejercía una abrumadora influencia en Japón, conserva curiosamente, en contra de lo que cabría suponer, las características propias japonesas y desplegaba ya el espíritu de identidad nacional puro y sencillo. El universo de *Man'yoshu* rebosa de obras sinceras y realistas inspiradas en la vida cotidiana. Los temas también son libres y muy variados. Otra peculiar característica de esta antología consiste en que abarca autores de todos los estamentos sociales, desde emperadores y miembros de la familia imperial hasta gente llana de provincias. En comparación con "*Kokin Wakashu*" (Antología de Poesía Antigua y Moderna) y otras antologías de la era Heian, que recopilaban únicamente poemas de aristócratas o poetas profesionales urbanos, *Man'yoshu* está llena de diversidad y brillo. La época de *Man'yo* corresponde al período de prosperidad de Japón, y la vida y la cultura aristocrática de aquellos tiempos no se distanciaba tanto de las de la sociedad plebeya como en la era Heian y compartían un espíritu sano y vigoroso como pueblo, lo cual contribuyó probablemente a la compilación de esta gran antología nacional.

Entre los poemas característicos de *Man'yoshu* se encuentran los que expresan sencillamente el sentimiento de los poetas y la grandeza de la naturaleza, representativos del corazón plebeyo, así como también *"azumauta"*, poemas populares compuestos en la región oriental del país y poemas de *sakimori*, o guardias de frontera en Kyûshû, reclutados en el este del país, etc..

Otra característica de *Man'yoshu* sería la existencia de numerosas poetas. No encontraremos ni antes ni después, ni en Oriente ni en Occidente, una era con tal abundancia de poetas líricas. La literatura escrita por mujeres en Japón no comenzó de repente en la era Heian con la literatura cortesana, sino que ya desde el período *Man'yo*, el papel que desempeñaban las mujeres en la literatura era considerable. La desaparición de las escritoras se debió probablemente a la rigidez de la clase gobernante de una sociedad de guerreros a partir del S. XIII y, en particular, a la difusión de la doctrina moral del confucianismo.

En aquella época no existía aún el *hiragana* ni el *katakana* (silabarios fonéticos que constan de 50 sílabas), de modo que se usaban *kanjis* (caracteres ideográficos chinos) para representar fonemas. Como aparecían con frecuencia los *kanjis* usados con ese objetivo, tales *kanjis* se denominan *"man'yo gana* o *kana"* y fueron el origen de dichos silabarios.

El nombre de la nueva era japonesa "Reiwa", que comenzamos en mayo de 2019, se ha tomado de dos caracteres ideográficos que aparecen en el prefacio de los treinta y dos poemas sobre las flores del ciruelo, de los cuales hemos incluido cuatro en este libro.

Para esta antología hemos escogido solamente cien poemas de entre los más de cuatro mil quinientos del total de *Man'yoshu*. Nuestro propósito es que los lectores saboreen los poemas, razón por la cual hemos limitado al mínimo las notas y comentarios explicativos.

Deseamos que aprecien cada uno de ellos y se deleiten en su lectura con detenimiento.

Masateru Ito y Elena Gallego

新元号「令和」について

新元号「令和」は万葉集の梅の花３２首の序文から採られ、そのうち４首が本書にも含まれています。引用された部分は「時、初春の令月にして、気淑く、風和み、梅は鏡前の粉を披き、蘭は珮後の香を薫す。」です。この詩の意味から、「令和」という元号には「人々が美しく心寄せ合う中で文化は花咲く」という意味が込められているようです。

El nuevo nombre de la era japonesa "Reiwa"

El nuevo nombre de la era japonesa "Reiwa" fue extraído del prefacio a los treinta y dos poemas cantados a las flores del ciruelo de Man'yoshu y de los cuales cuatro están incluidos en esta antología. Las frases correspondientes del prefacio rezan: *Era el fausto mes del inicio de la primavera (según el calendario lunar) con apacible ambiente y suave brisa. Las flores del ciruelo se abren como mujeres empolvadas frente al tocador y las orquídeas despiden una fragancia como el incienso bien preparado.*"

De ahí que el nombre de la nueva era "Reiwa" implicaría "la cultura florece cuando la gente se reúne gozosa y apaciblemente".

梅花の歌三十二首并せて序
（うめのはな）

天平二年正月十三日、師老の宅に萃まりて、宴会を申く。

時に初春の令き月、気淑く風和み、梅は鏡前の粉を披き、蘭は珮後の香を薫す。

しかのみにあらず、曙の嶺に雲移りては、松は羅を掛けて蓋を傾け、夕の岫に霧を結び、鳥は縠に封めらえて林に迷う。

庭には新蝶舞ひ、空には故雁帰る。ここに天を蓋とし、地を座とし、膝を促け盃を飛ばす。

天平2年（730年）正月13日。太宰府師の大伴旅人の屋敷に集まって宴会を開く。初春の良い月、気は麗しく風はやわらかだ。
梅は鏡台の前の女性が装う白粉のように開き、蘭は身を飾ったお香のように薫っている。
それだけではない。明け方の峰には雲が移り動き、松は雲の薄衣をかけたように傘を傾ける。山のくぼみには霧が立ち込め、鳥は薄霧に閉じ込められたように林の中で迷っている。
庭には産まれたばかりの蝶が舞い、空には年を越した雁が帰ろうと飛んでいる。

Prefacio a los treinta y dos poemas
cantados a las flores del ciruelo

El décimo tercer día del primer mes del segundo año de Tenpyô (730) tuvo lugar un banquete en la residencia del gobernador del Dazaifu.

Era el fausto mes del inicio de la primavera (según el calendario lunar) con apacible ambiente y suave brisa. Las flores del ciruelo se abren como mujeres empolvadas frente al tocador y las orquídeas despiden una fragancia como el incienso bien preparado.

Pero aún hay más. Por encima de las cumbres de las montañas, las nubes transitan y los pinos inclinan sus paraguas como si se cobijasen con finas telas de las nubes. Las cavidades de las montañas están cubiertas de bruma y los pájaros se extravían en el bosque como si los encerrasen las tenues nubes. En los jardines revolotean las mariposas recién nacidas y en el cielo los gansos bravos vuelan para volver a sus hogares.

言を一室の裏に忘れ、衿を煙霞の
外に開く。淡然と自ら放にし、快
然と自ら足る。

もし輪苑にあらざれば、何をもっ
て情を述べん。詩に落梅の篇を紀
す。古と今とそれ何そ異ならむ。
宜しく園の梅を賦していささか
に短詠を成すべし。

さてそこで天空を屋根として地を敷物として膝を近づけ酒を交わそ
う。皆は言葉も忘れ、心をくつろがせている。さっぱりと気楽に振
る舞い、それぞれが満ち足りている。
これを文章にしなければどのようにして心を表現するというのか。
漢詩にも多くの梅の詩があるように、昔と今で何の違いがあろうか。
ぜひとも園の梅を詠んでいくらかの短歌を作ろうじゃないか。

Pues, ahora vamos a arrimarnos a beber juntos con el cielo como techo y la tierra como alfombra.

Todos olvidamos las palabras con el espíritu henchido. Todos nos sentimos renovados, rebosantes de plenitud y satisfacción.

Si no expresamos esta sensación con palabras, ¿cómo expresaríamos entonces el sentir de nuestro corazón?

En la antigua poesía china existen muchos poemas sobre las flores del ciruelo. ¿Qué diferencia hay entre los tiempos antiguos y los presentes?

¡Vamos a componer algunas tankas sobre las flores del ciruelo!

畝傍山
monte Unebi

甘樫丘 (奈良県高市郡明日香村) より大和三山全貌

耳成山
monte Miminashi

香具山
monte Kagu

Los tres montes de Yamato vistos desde la colina de Amakashi
(villa de Asuka, distrito de Takaichi, prefectura de Nara)

香具山　　　　　畝傍山　　　　　耳成山　　　　　　　　二上山
monte Kagu　　monte Unebi　monte Miminashi　　　　monte Futaka

大神神社 (奈良県桜井市三輪) より大和三山全貌
Templo sintoísta de Ômiwa
(Miwa en la ciudad de Sakurai, prefectura de Nara)

香具山
monte Kagu

畝傍山
monte Unebi

耳成山
monte Miminashi

天武・持統天皇陵 (奈良県高市郡明日香村)

Mausoleo del emperador Tenmu (? – 686)
y de la emperatriz Jitô (645 – 703)

この本の使い方

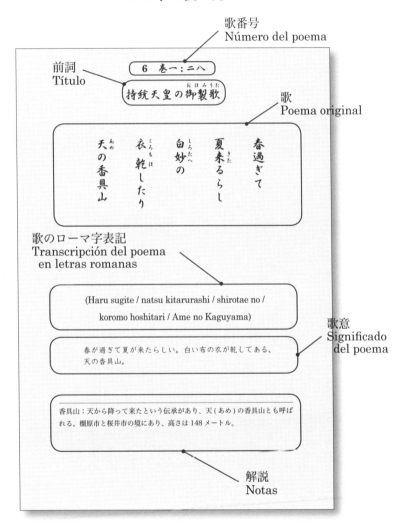

歌番号
Número del poema

前詞
Título

6　巻一：二八

持統天皇の御製歌（おほみうた）

歌
Poema original

春過ぎて
夏来るらし
白妙の
衣乾したり
天の香具山

歌のローマ字表記
Transcripción del poema
en letras romanas

(Haru sugite / natsu kitarurashi / shirotae no /
koromo hoshitari / Ame no Kaguyama)

歌意
Significado
del poema

春が過ぎて夏が来たらしい。白い布の衣が乾してある、
天の香具山。

香具山：天から降って来たという伝承があり、天（あめ）の香具山とも呼ばれる。橿原市と桜井市の境にあり、高さは148メートル。

解説
Notas

Cómo usar este libro

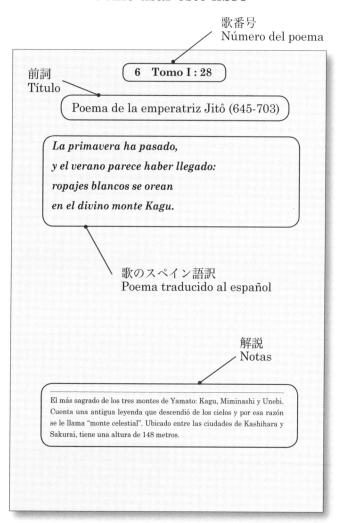

歌番号
Número del poema

前詞
Título

6　Tomo I : 28

Poema de la emperatriz Jitô (645-703)

La primavera ha pasado,

y el verano parece haber llegado:

ropajes blancos se orean

en el divino monte Kagu.

歌のスペイン語訳
Poema traducido al español

解説
Notas

El más sagrado de los tres montes de Yamato: Kagu, Miminashi y Unebi.
Cuenta una antigua leyenda que descendió de los cielos y por esa razón
se le llama "monte celestial". Ubicado entre las ciudades de Kashihara y
Sakurai, tiene una altura de 148 metros.

1 巻一：二

天皇の、香具山（かぐやま）に登りて望国（くにみ）したまひし時の御製歌
(舒明天皇（じょめい）)

大和（やまと）には
郡山（むらやま）あれど
とりよろふ
天（あめ）の香具山（かぐやま）
登り立ち
国見（くにみ）をすれば
国原（くにはら）は
煙（けぶり）立つ立つ
海原（うなはら）
鴎（かまめ）立つ立つ
うまし国そ
蜻蛉島（あきづしま）
大和の国は

(Yamato niwa / murayama aredo / toriyorou / Ame no Kaguyama /
noboritachi /kunimi wo sureba /
kunihara wa / keburi tatsu tatsu / unahara / kamame tatsu tatsu /
umashi kuni so / Akizushima / Yamato no kuni wa)

大和には多くの山があるが、とりわけてりっぱに装っている
天の香具山、その頂きに登り立って国見をすると、国土には
炊煙がしきりに立ち、海上には鴎が翔（かけ）りつづけている。美し
い国よ、蜻蛉島大和の国は。

舒明天皇（じょめいてんのう）(593　641)、日本の第34代天皇。
蜻蛉島（あきづしま）：やまと（大和・倭）に掛かる枕詞。大和をあきづ島と呼
ぶ理由として、雄略記に、ある時、天皇が吉野へ狩りに行き、腰掛けに座ってい
ると、虻（あぶ）が来て腕に食いついた、そこにトンボが来て虻を喰い、飛び去っ
たという伝承がある。
天の香具山（あめのかぐやま）は大和三山の一つに数えられ、現在では香久山と
も書く。その昔、天から降りてきた山ともいわれる大和で最も格式の高い山。言
霊の力で大自然の神々に語りかけ、実際にそのような国になるように祈っている
深い呪術的な意味があるとされる。

1 Tomo I : 2

Poema del emperador Jomei cuando subió al
monte Kagu para contemplar sus dominios

Muchas son las montañas de Yamato,
mas yo subo al celestial monte Kagu
que se distingue en particular por su
gallardía,
y me detengo en la cumbre
para contemplar mis reinos.
En la llanura de la tierra,
el humo se eleva por la chimenea, se eleva.
En la llanura del lago,
gaviotas emprenden el vuelo una tras otra.
¡Una espléndida tierra
es la isla de las libélulas,
esta tierra de Yamato!

El emperador Jomei (593-641) es el trigésimo cuarto emperador del Japón.
Akizushima o "Isla de las libélulas" se refiere al Japón y es una *makura-*
kotoba que se aplica a Yamato (Gran armonía). Las libélulas se
consideraban símbolo de cosecha abundante. Según la leyenda, cuando el
vigésimo primer emperador Yûryaku (418-479) salió de caza, le picó un
tábano, pero llegó una libélula, lo engulló y echó a volar.
El monte Kagu es una de las tres montañas de Yamato (actual Nara) y
se considera la más noble porque descendió del cielo. Es un poema con
un carácter hechicero que ruega a los dioses de la naturaleza que estos
buenos deseos para la tierra de Yamato se hagan realidad.

2　巻一：八

斉明天皇の九州行幸の途中、
熟田津（今の愛媛県松山市）で額田王が詠んだ歌

熟田津に
船乗せむと
月待てば
潮もかなひぬ
今は漕ぎ出でな

(Nikitatsu ni / fune nosen to / tsuki mateba /
shio mo kanainu / ima wa kogiide na)

熟田津の港で船出しようと月を待っていると潮の流れもちょうど良くなった。さあ今こそ漕ぎ出でよう。

2 Tomo I : 8

Poema compuesto por la princesa Nukata (630-690)
en Nikitatsu (actual ciudad de Matsuyama,
prefectura de Ehime) durante el viaje
del emperador Saimei (594-661) hacia Kyûshû

Esperando la salida de la luna
para zarpar en la bahía de Nikitatsu,
con la luna vino la marea.
Ea, ¡vamos a partir!

3　巻一：十五

中大兄（天智天皇）の
三山の歌一首に付随する反歌

わたつみの
豊旗雲に
入日射し
今夜の月夜
さやけかりこそ

(Wadatsumi no / toyohatagumo ni / irihi sashi /
koyoi no tsukuyo / sayakekari koso)

海の上にたなびいている雲に夕日がさしている。
その今夜の月は、清く明るくあってほしいものだ。

三山（みつのやま）：香具山（かぐやま）：耳成山（みみなしやま）・畝傍山（うね
びやま）を大和三山と呼ぶ。男山である香具山が女山の畝傍（うねび）をいとし
く思い，もうひとつの男山である耳成（みみなし）と争ったとされる。
反歌：長歌のあとにそえる（普通は一首の）短歌。その長歌の要約や補足をする。
わたつみ：海の神。転じて単に、海。

3   Tomo I : 15

Hanka del 'poema de los tres montes' compuesto
por el príncipe Naka no Ôe
(posterior emperador Tenji, 626-672)

Sobre el mar,

a través de las nubes,
      como bellas y ondulantes banderas,

se reflejan los arreboles del sol poniente.

¡Que esta noche el resplandor de la luna

sea claro y sereno!

Hanka: poema corto final tras un poema más extenso, llamado *chôka*
(poema largo).
Los tres montes de Yamato: Kagu, Miminashi y Unebi. Kagu, monte
macho, se enamoró de Unebi, monte hembra y se enfrentó por ella al
Miminashi, otro monte macho.

4　巻一：二〇

天智天皇が六六八年蒲生野(がもうの)で遊猟(みかり)された時に
額田王(ぬかたのおほきみ)が作った歌

あかねさす
紫(むらさき)の　野行き
標野(しめの)行き
野守(のもり)は見ずや
君が袖振る

(Akane sasu / murasakino yuki / simeno yuki /
nomori wa mizuya / kimi ga sode furu)

紫草の御料地をあちらへ行きこちらへ行きしながら、
あなたが袖を振っておられるのを、野守は見ていない
でしょうか。

額田王 (630-690) はこの頃天智天皇の妻であり、ほぼ40歳近くに達していたが、
実は以前はこの歌で袖を振っている大海人皇子(おおあまのみこ)(天智天皇の弟)
の妻であった。この歌とその返歌 (I-21) は天智天皇が催した宴席での戯れ言の
応酬歌ともいわれる。いずれにしても万葉集のなかで最もよく知られた歌の一つ
であろう。「袖を振る」は、恋しい人を自分のほうへ引き寄せる恋の仕草。
あかねさす：「紫」の枕詞。
紫：ムラサキ科の多年生の野草。夏、白色の小花が咲く。根は紫色で、昔は染料
として重要であった。
標野 (しめの)：御料地（皇室の所有地）。

4   Tomo I : 20

Poema de la princesa Nukata cuando
el emperador Tenji fue de caza a los campos
de Gamô en 668

Andas a caballo de un lado a otro

por los campos imperiales de murasaki.

¿No te habrá visto algún guarda

ondearme las mangas?

Este poema está dirigido a su anterior marido, el príncipe Ôama
(posterior emperador Tenmu, que reinó entre 673-686). En esa época la
princesa Nukata rondaba los cuarenta años y era una de las consortes
del emperador Tenji (626-672), hermano mayor del príncipe Ôama.
Este poema y su respuesta, poema I:21, del príncipe Ôama, fueron
intercambiados presumiblemente medio en broma en un banquete en
presencia del emperador Tenji. Estas composiciones son quizás las más
famosas y populares de todos los poemas de la antología *Man'yoshu.*
El ondear las mangas a alguien era una muestra de afecto.
Murasaki es una planta de cuyas raíces se extraía el tinte púrpura.

5　巻一：二一

額田王（ぬかたのおほきみ）の歌に対して
大海人皇子（おほあまのみこ）（後の天武天皇）の答えられた歌

紫草（むらさき）の
にほへる妹（いも）を
憎（にく）くあらば
人妻（ひとづま）ゆゑに
われ恋（こ）ひめやも

(Murasaki no / nioeru imo wo / nikuku araba /
hitozuma yue ni / ware koimeyamo)

紫草のように美しいあなたを、もし憎いと思うならば、
あなたはもう人妻だのに、どうして私が恋い焦がれよ
うか。

5　Tomo I : 21

Poema del príncipe Ôama, en respuesta
al poema anterior, I:20, de la princesa Nukata

Si no sintiera afecto por tí,

tan bella cual flor purpúrea del murasaki,

¿cómo me atrevería a amarte,

siendo tú la esposa de otro?

6　巻一：二八

持統天皇の御製歌(おほみうた)

春過ぎて
夏来(きた)るらし
白妙(しろたへ)の
衣(ころも)乾(ほ)したり
天(あめ)の香具山

(Haru sugite / natsu kitarurashi / shirotae no /
koromo hoshitari / Ame no Kaguyama)

春が過ぎて夏が来たらしい。白い布の衣が乾してある、
天の香具山。

香具山：天から降って来たという伝承があり、天(あめ)の香具山とも呼ばれる。
橿原市と桜井市の境にあり、高さは148メートル。

6 Tomo I : 28

Poema de la emperatriz Jitô (645-703)

La primavera ha pasado,
y el verano parece haber llegado:
ropajes blancos se orean
en el divino monte Kagu.

El más sagrado de los tres montes de Yamato: Kagu, Miminashi y Unebi.
Cuenta una antigua leyenda que descendió de los cielos y por esa razón
se le llama "monte celestial". Ubicado entre las ciudades de Kashihara y
Sakurai, tiene una altura de 148 metros.

7 巻一：三三

高市古人(たけちのふるひと)、あるいは高市黒人(たけちのくろひと)が
近江の旧都を感傷して作った歌

楽浪(ささなみ)の
国つ御神(みかみ)の
うらさびて
荒れたる都
見れば悲しも

(Sasanami no / kunitsu mikami no / urasabite /
aretaru miyako / mireba kanashimo)

楽浪の土地の神の心が衰えたために荒れ果ててしまっ
た都を見るのは悲しいものだ。

楽浪(ささなみ)：現在の滋賀県大津市を含む琵琶湖の南西岸地域。西暦667年、
天智天皇（626-671）は大和から近江大津宮（現在の大津市）へ遷都したが、天
皇崩後に壬申(じんしん)の乱(672)があり、5年余りで廃都となった。
心さびて・うらさびて：この時代の人々は土地に地霊としての神が居て、地霊
の霊力が衰えると都が衰退すると考えていた。

7   Tomo I : 33

Poema compuesto por Takechi Furuhito
(que puede ser la misma persona
que Takechi Kurohito,
aunque se desconocen las fechas)
que expresa su tristeza en Ômi, la antigua capital

Declinado el espíritu del dios
de la tierra de Sasanami,

me apena ver
la antigua capital convertida en ruinas.

Sasanami es el área de la costa suroccidental del lago Biwa, incluyendo la actual ciudad de Ôtsu, en la prefectura de Shiga. El emperador Tenji (626-672) trasladó la capital de Yamato a Ôtsu, pero tras su fallecimiento fue abandonada debido a la Guerra Jinshin (672), casi cinco años tras haberse establecido la nueva capital.

Se creía que si el espíritu del dios de la tierra declinaba, comenzaba la decadencia de la ciudad.

8 巻一：四〇

伊勢国(いせのくに)に幸(いでま)す時、
都(みやこ)に留(とど)まれる柿本朝臣人麿の作りし歌

鳴呼見(あみ)の浦に
船乗(ふなの)りすらむ
少女(をとめ)らが
玉裳(たまも)のすそに
潮満(しほみ)つらむか

(Aminoura ni / funanori suran / otomera ga /
tamamo no suso ni / shio mitsuran ka)

鳴呼見(あみ)の浦で今ごろ船に乗って遊んでいるだろう、
あのおとめたちの美しい衣装のすそには、潮がみちて
いるのだろうか。

「鳴呼見の浦」は、三重県鳥羽市小浜(おはま)の南岸あたり。
旅先の人々の無事を祈った歌であろう。

8   Tomo I : 40

Poema compuesto por Kakinomoto Hitomaro,
quien permaneció en la capital
cuando la emperatriz Jitô visitó la provincia de Ise,
en la primavera de 692,
imaginando la escena de una fiesta a bordo
en la barca de jóvenes doncellas
de la corte en la bahía de Ami

En la bahía de Ami, las jóvenes deben

de pasear ahora en sus barcas.

¿Sube la marea

a tocar las colas

de sus preciosos vestidos?

La bahía de Ami está localizada al sur de Ohama, en la ciudad de Toba,
prefectura de Mie. Sería un poema rogativo por la buena salud de los
viajeros.

9 巻一:四八

軽（かるの）皇子（みこ）の安騎（あきの）の野（の）に宿（やど）りましし時に、
柿本朝臣人麿の作れる歌　に付随する短歌

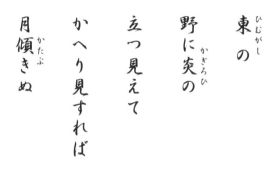

東（ひむがし）の
野に炎（かぎろひ）の
立つ見えて
かへり見すれば
月傾（かたぶ）きぬ

(Hingashi no / no ni kagiroi no / tatsu miete /
kaerimi sureba / tsuki katabukinu)

東方の野の果てに曙光がさしそめる。
ふりかえると西の空に低く下弦の月が見える。

軽皇子(かるのみこ)がいまは亡き父草壁皇子(くさかべのみこ)とかつて猟に
きたこの野を偲んで訪れ、それに柿本人麿も同行した。おそらく、いままさに沈
もうとしている月を亡くなった父の草壁皇子、のぼる朝陽に軽皇子をたとえ、輪
廻転生、魂の復活を感じているのであろう。
安騎の野(あきのの):大和の宇陀(うだ)山地。

9 Tomo I : 48

Poema compuesto por Kakinomoto Hitomaro
cuando el príncipe heredero Karu
(posterior emperador Monmu)
fue de excursión a la pradera de Aki

En la pradera oriental
veo el resplandor de la aurora.
Al tornar los ojos,
veo la luna declinar hacia el oeste.

Kakinomoto Hitomaro (662-710) acompañó al príncipe Karu (683-707)
en un viaje a esta pradera para recordar al difunto príncipe heredero
Kusakabe (662-689), padre del príncipe, con quien había ido a cazar
algunas ocasiones. Probablemente el poeta compara la luna que se pone
al difunto príncipe Kusakabe, y el sol matutino, que alcanza fuerza, al
príncipe Karu, como alegoría de la transmigración del alma.
Campo de Aki: Localizado en el distrito de Uda en Yamato (Nara).

10　巻一：五一

明日香宮より藤原宮に遷居りし後に、
志貴皇子の作りませる御歌

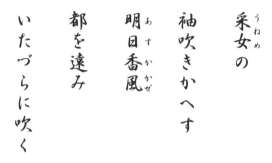

采女の
袖吹きかへす
明日香風
都を遠み
いたづらに吹く

(Uneme no / sode fukikaesu / Asuka kaze /
miyako wo tômi / itazura ni fuku)

采女の袖を吹きひるがえす明日香の風、今は都も
遠く、むなしく吹くことよ。

明日香宮：694 年、持統天皇は明日香（飛鳥）の京から藤原の京に遷られた。
采女 (うねめ)：諸国から身分も好く、容貌も端正な妙齢女を選抜して宮中に仕
えさせた。

10   Tomo I : 51

Poema del príncipe Shiki tras el traslado del palacio
de Asuka al palacio de Fujiwara

Los vientos de Asuka

que aleteaban las mangas
                de doncellas cortesanas

soplan en vano,

ahora que está lejana la capital.

En el año 694, la emperatriz Jitô trasladó su residencia del palacio en
Asuka al de Fujiwara, ambos en la región de Yamato.

11 巻一：五八

持統天皇の参河国行幸の際、
高市黒人が詠んだ歌

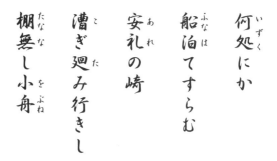

何処にか
船泊てすらむ
安礼の崎
漕ぎ廻み行きし
棚無し小舟

(Izuku nika / funa hatesuran / Arenosaki /
kogitami yukishi / tana nashi obune)

今、参河の安礼の岬を漕ぎめぐって行った、あの舟棚
のない小さい舟は、いったいどこに泊まるのだろうか。

安礼 (あれ) の崎：愛知県あたりの地名だという説もあるが、不詳。
棚無し小舟：舟の左右の舷に渡した横板のない小さな小舟。刳 (く) り舟。

11   Tomo I : 58

Poema compuesto por Takechi Kurohito
con ocasión de la visita de la emperatriz Jitô
a la provincia de Mikawa

Aquella diminuta canoa

que se fue remando por el cabo de Are,

¿dónde encontrará atracadero

para la noche?

El cabo de Are podría localizarse en la actual prefectura de Aichi, pero su
ubicación exacta no está identificada.

12　巻一：六三

山上臣憶良の大唐に在りし時に、本郷を憶ひ作りし歌

いざ子ども
早く日本へ
大伴の
御津の浜松
待ち恋ひぬらむ

(Iza kodomo / hayaku Yamato e / Ôtomo no /
Mitsu no hamamatsu / machi koinuran)

さあ仲間たちよ、早く日本へ。大伴の御津の浜の松が、
われらを待ちわびているだろう。

遣唐使として大陸に渡っていた山上憶良が、帰国を前にした宴の席で詠んだもの
と言われる。
「大伴」とあるのは、御津の港のある地域一帯が大伴氏の領地であったことから。
御津 (みつ)：難波 (なにわ) の港のことで、遣唐使船はここから出向した。

Poema de Yamanoue Okura,
durante su estancia en China,
pensando en su tierra natal

¡Vamos, muchachos, daos prisa
para Yamato! Los pinos
en la playa
de noble caleta de Ôtomo
nos esperan con ansia.

Yamanoue Okura permanecía en la China de la dinastía Tang (618-907)
como enviado en una misión japonesa y se dice que compuso este poema
en un banquete poco antes de su partida para su tierra natal.
La playa de caleta de Ôtomo se refiere al puerto de Naniwa (actual Osaka)
de donde partían en aquella época los barcos de las misiones diplomáticas
japonesas a China, predios que pertenecían al clan Ôtomo.

13 巻一：六四

慶雲三年、文武天皇が難波宮に行幸された時に
従駕した志貴皇子の作られた歌

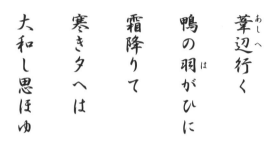

大和し思ほゆ
寒き夕へは
霜降りて
鴨の羽がひに
葦辺行く

(Ashibe yuku / kamo no hagai ni / shimo furite /
samuki yûbe wa / Yamatoshi omooyu)

葦辺を泳いで行く鴨の背に霜が降りて寒い（こんな）
夕べには大和が思われてならない。

大和の土地そのものというよりはそこに残してきた妻を想っての歌であろうか。
羽がい・羽交い：鳥の左右の羽が交差するあたり。または、鳥の羽のこと。

13   Tomo I : 64

Poema del príncipe Shiki,
con ocasión de la visita del emperador Monmu
al palacio de Naniwa,
en el tercer año de Keiun (706)

En esta fría noche,
cuando cae la escarcha sobre las alas
                              de los patos
que nadan junto al cañaveral,
pienso en Yamato.

Puede ser un poema compuesto pensando, más que en la tierra misma de
Yamato, en su esposa, a quien allí había dejado.

14　巻一 : 七四

大行天皇の吉野の宮に幸しし時の歌
（さきのすめらみこと）

み吉野の
山の嵐の（あらし）
寒けくに（さむ）
はたや今夜も（こよひ）
わが独り寝む（ね）

(Miyoshino no / yama no arashi no / samukekuni /
hataya koyoi mo / waga hitori nen)

み吉野の山の嵐は寒いことだのに、あるいは今夜も
私は独りで寝るのだろうか。

この時代の歌は、文学作品としてよりむしろ呪術歌として口ずさむ祈りの歌でも
あったという。夜の闇に心が吸い込まれて散ってしまわぬようにと、家に残して
きた妻を想って一心に詠んだのかも知れない。

14 Tomo I : 74

Poema con ocasión del desplazamiento
con todo su séquito del emperador Monmu
al palacio en Yoshino

Aun cuando frío es el temporal
en la hermosa montaña de Yoshino,
quizás esta noche también
he de dormir solo.

Según dicen, los poemas de aquellos tiempos eran, más que obras
literarias, cantos de plegaria mística. Es posible que cantasen rogando que
las tinieblas de la noche no fueran la perdición de su alma y pensando en
su esposa que les esperaba en el hogar.

15　巻一：八四

長皇子の志貴皇子と佐紀宮に倶に宴せる歌

秋さらば
今も見るごと
妻恋ひに
鹿鳴かむ山そ
高野原の上

(Aki saraba / ima mo miru goto / tsumagoi ni /
ka nakan yama zo / Takanohara no ue)

秋になると、ほらご覧のようにきまって妻恋いの
鹿の声がひびく山なのですよ。この高野原の上は。

高野原：奈良市高の原付近であろう。

15 Tomo I : 84

Poema escrito cuando el príncipe Naga
se dio un banquete con el príncipe Shiki
en el palacio de Saki

Cuando venga el otoño,
así son las montañas
como las vemos ahora,
donde el ciervo brama
echando en falta a su pareja –
en estos altos campos.

"En estos altos campos" se refiere probablemente a los cercanos a
Takanohara en la ciudad de Nara.

16　巻二：八五

磐姫皇后の、
天皇を思ひて作りませる御歌四首の一首

君が行き
日長くなりぬ
山たづね
迎へか行かむ
待ちにか待たむ

(Kimi ga yuki / ke nagaku narinu / yama tazune /
mukaeka yukan / machinika matan)

あなたが行かれてから日数が長く経ちました。山を尋
ねて迎えに行きましょうか。（それとも）待ちに待つ
べきでしょうか。

磐姫（いはのひめ）は仁徳（にんとく）天皇（313〜399）の后（きさき）で、歴史上臣下から初めて皇后になった女性。
日（け）：日（ひ）の複数形。

16　Tomo II : 85

Poema de la emperatriz Iwanohime,
quien espera ansiosamente el retorno
del emperador Nintoku

Desde que te fuiste, mi señor,

　　　han pasado muchos días.

¿Iré a verte,

　　　buscándote entre los montes,

o sólo debo esperarte y esperarte aquí?

Iwanohime (fechas desconocidas), emperatriz consorte del emperador
Nintoku (313-399), fue la primera mujer de la historia que se convirtió en
emperatriz de Japón siendo plebeya.

17 巻二：八六

磐姫皇后の、
仁徳天皇を思ひて作りませる先の連作の一首

かくばかり
恋ひつつあらずは
高山の
岩根し枕きて
死なましものを

(Kaku bakari / koitsutsu arazu wa / takayama no /
iwane shi makite / shina mashi mono wo)

こんなにも恋い続けているくらいなら、いっそのこと、
（あなたを尋ねて）高い山の岩を枕にして死んでしま
いたいものです。

17   Tomo II : 86

Otro poema de la emperatriz Iwanohime,
ansiosa por el retorno del emperador Nintoku

Preferiría morir con una roca por almohada,

buscándote por altas montañas,

a continuar viviendo, esperándote en vano,

con tanto anhelo.

石舞台古墳（奈良県高市郡明日香村）
Túmulo de Ishibutai
(villa de Asuka, distrito de Takaichi,
en la prefectura de Nara)

18 巻二：八七

磐姫皇后の、（いはのひめのおほきさき）

天皇を思ひて作りませる御歌四首（その一首）

ありつつも
君をば待たむ
打ち靡く（なび）
わが黒髪に
霜の置くまでに

(Aritsutsu mo / kimi wo ba matan / uchinabiku /
waga kurokami ni / shimo no oku made ni)

このままずっとあなたを待ちましょう。流れるような
私の黒髪が霜のように白くなるまでも。

18   Tomo II : 87

Un poema más de la emperatriz Iwanohime,
pensando en el emperador Nintoku

Te esperaré así
siempre
mientras viva,
hasta que tenga escarcha
en este pelo negro y ondulado.

19 巻二：九二

秋山の
樹の下隠り
逝く水の
われこそ益さめ
御思よりは

(Akiyama no / ko no shita gakuri / yuku mizu no /
ware koso masame / miomoi yoriwa)

秋の山の木の下を流れる水のように、隠れてはいても、私の思慕の方が、あなたの私への思いよりもずっと大きいでしょう。

19   Tomo II : 92

Poema de la princesa Kagami
en respuesta al poema de despedida
del emperador Tenji

Aunque oculta como la corriente que fluye
bajo los árboles de las montañas de otoño,
mi anhelo por ti
será mucho más
que el tuyo por mí.

20 巻二：九三

内大臣藤原卿（藤原鎌足）の
鏡王女を娉ひし時に、
鏡王女の内大臣に贈れる歌一首

玉くしげ

覆ふを安み

開けていなば

君が名はあれど

わが名し惜しも

(Tamakushige / ôu wo yasumi / akete inaba /
kimi ga na wa aredo / waga na shi oshimo)

玉くしげのように人目にたっていないことをいいこと
に夜も明けてからお帰りになると、やがては人に知ら
れます。あなたのお名前はともかく、私の浮名の立つ
のは困ります。

藤原鎌足は中大兄皇子（天智天皇）とともに蘇我入鹿を討ち取り大化の改新を成
し遂げた功労者で、天智天皇の信頼厚き臣下で友人でもあった。
この歌はそんな藤原鎌足と、かつての天智天皇の恋人であった鏡王女との間に交
された相聞歌。この時代の逢瀬は夜に男が愛する女の家に通うのが普通であった。
「玉くしげ」：櫛を入れておく箱のこと。
櫛箱の「あ（開）けない」と夜の「あ（明）けない」を掛けている。

20   Tomo II : 93

Cuando el señor Fujiwara Kamatari,
gran ministro del interior,
pidió matrimonio a la princesa Kagami,
ella le envió este poema

El joyero se abre fácilmente,

y la noche, a punto de abrirse al alba,

te vio salir.

Si se descubriera esto,

¿qué pasaría con tu nombre?

Mi lamentación sería por el mío propio.

Fujiwara Kamatari fue súbdito y amigo de confianza del príncipe Naka no
Ôe (emperador Tenji), quienes juntos lograron la Reforma de Taika (645),
derrotando al clan Soga. Este es uno de los poemas intercambiados entre
la princesa Kagami, amante del emperador Tenji, y Fujiwara Kamatari.
En aquellos tiempos, el hombre visitaba por la noche la casa de la mujer
que amaba.

21 巻二:一一四

但馬皇女の高市皇子の宮に在しし時に、
穂積皇子を思ひて作りませる御歌一首

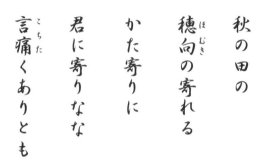

秋の田の
穂向の寄れる
かた寄りに
君に寄りなな
言痛くありとも

(Aki no ta no / homuki no yoreru / katayori ni /
kimi ni yorinana / kochitaku aritomo)

秋の田の稲穂が風になびきかた寄るように心をなびか
せてあなたに寄り添っていたい。たとえ人がなんと噂
しようとも。

穂積皇子 (ほづみのみこ) と但馬皇女 (たじまのひめみこ) はどちらも天武天皇
の子で、異母兄妹。この当時は母親の異なる兄妹同士の結婚は認められていた。
但馬皇女は 15 歳ほど年齢差のある高市皇子 (たけちのみこ) に嫁いでいた。

21   Tomo II : 114

Poema de la princesa Tajima cuando ella permanecía
en el palacio del príncipe Takechi
pensando en el príncipe Hozumi

Como las espigas de arroz

en el campo de otoño

se comban en una dirección,

así me doblaría a tí,

por muy dolorosas que fueran

las murmuraciones.

El príncipe Hozumi (?-715) y la princesa Tajima (? -708) eran hermanos de
madres diferentes. En aquellos tiempos se permitía el matrimonio entre
hermanastros. La princesa Tajima estaba casada con el príncipe Takechi
(654? – 696), casi quince años mayor que ella.

22　巻二：一三六

柿 本人麻呂が
石見国（現在の島根県西部地方）から都に戻るときに、
妻を想って詠んだ歌

青駒の
足掻を早み
雲居にそ
妹があたりを
過ぎて来にける

(Aokoma no / agaki wo hayami / kumoi nizo /
imo ga atari wo / sugite kini keru)

青馬の歩みが速いので、遠い雲のかなたに、妻のとこ
ろを過ぎて来てしまったなあ。

人麿が石見国（いわみのくに）に滞在しているときに通っていた現地妻を指すが、
依羅娘子（よさみのおとめ）（生没年不詳）とされている。

22　Tomo II : 136

Poema de Kakinomoto Hitomaro cuando se separó
de su mujer en la tierra de Iwami
(actual región occidental de la prefectura de Shimane)
y regresó a la capital

El veloz galope

de mi corcel tordo

me condujo a las nubes,

pasando lejos

de donde mi mujer habita.

Se refiere a la mujer local a quien visitaba Kakinomoto Hitomaro con
frecuencia cuando vivía en la tierra de Iwami. Se supone que era Yosami
no Otome o doncella de Yosami (fechas desconocidas).

23　巻二：一四一

有間皇子の自ら痛しみて
松が枝を結べる歌二首（その一首）

盤代の
浜松が枝を
引き結び
真幸くあらば
また還り見む

(Iwashiro no / hamamatsu ga e wo / hikimusubi /
masakiku araba / mata kaerimin)

磐白の浜の松の枝を結んで、幸いにも無事だったら、
またここに戻ってきて見よう。

謀略により謀反の罪で捕えられた有間皇子 (ありまのみこ) (658 年、当時 19 歳)
は、中大兄皇子 (なかのおおえのみこ) （天智天皇 (てんぢてんのう)) の尋問を
受けるために天皇の行幸先（紀の湯）まで移送された。そして途中、磐白で道の
松枝を結び旅の安全を祈った。松枝を結ぶのは、当時草木を結んで幸福を願う信
仰があったからである。しかし、尋問を受けた帰り道、藤白の坂に至ったところ
で絞 (こう) に処せられた。

23   Tomo II : 141

Poema compuesto por el príncipe Arima
en el que expresa su tristeza al atar las ramas
de un pino como plegaria por un viaje seguro

Até juntas y lancé

las ramas del pino

en la playa de Iwashiro.

Si la suerte me favorece

volveré a pasar por aquí

y las veré nuevamente.

El príncipe Arima, víctima de una intriga, fue arrestado por un delito de
subversión en 658, cuando tenía diecinueve años, y llevado a las aguas
termales de Muro, en la provincia de Ki, para ser interrogado por el
príncipe Naka no Ōe (emperador Tenji). En Iwashiro, en la costa de Ki, ató
unas ramas de pino, rogando la seguridad del viaje. Tras el interrogatorio,
fue puesto en libertad, pero en el camino de regreso fue detenido otra vez
y ejecutado por autoestrangulación forzada. Los viajeros solían ofrecer
plegarias por la seguridad del viaje entrelazando las ramas de los pinos.

24 巻二：一六一

天武天皇崩御の時、
皇后（後の持統天皇）の詠まれた御歌

神山（かむやま）に
たなびく雲の
青雲の
星離（はな）れ行き
月を離れて

(Kamuyama ni / tanabiku kumo no / seiun no /
hoshi hanare yuki / tsuki wo hanarete)

神山にたなびく雲は、青雲の中の星からも離れ、月を
も離れて去っていったことよ。

神山（かむやま）はカムナビ山、即ち神の鎮座する山を言い、奈良県明日香村に
ある三諸山（みもろやま）（三輪山）の異称。天武天皇を雲にたとえ、「たなびく
雲」とは天皇の魂のことか。天武天皇の魂との別れを悲しむ歌とされる。

Poema compuesto por la emperatriz consorte
(posterior emperatriz Jitô)
al fallecer el emperador Tenmu

Las nubes,

las azules nubes

que van arrastrando

sobre las montañas norteñas

se alejan de las estrellas,

se alejan de la luna.

Las "montañas norteñas" se refieren a los montes de Mimoro o Miwa
en Asuka, Nara, considerados como sagrados. Las "nubes que van
arrastrando" aluden probablemente al alma del emperador Tenmu, como
poema que lamenta la despedida de este mundo del emperador.

25 巻二：一六五

大津皇子（おおつのみこ）の屍（かばね）を葛城（かづらぎ）の二上山（ふたかみやま）に移し葬（はふ）りし時に、
大来皇女（おおくのひめみこ）の哀（かな）しび痛（いた）みて作りませる
御歌二首（その一首）

うつそみの
人にあるわれや
明日よりは
二上山（ふたかみやま）を
弟（いろせ）とわが見む

(Utsusomi no / hito ni aru ware ya / asu yori wa /
Futakamiyama wo / irose to waga min)

現し身の人である私は、明日からは二上山をわが弟と
みようか。

国家の反逆者として処刑された大津皇子（おおつのみこ）(663-686) の遺体は一
端仮の埋葬をされた後、大和盆地の西の端にある二上山（ふたかみやま）に埋葬
された。この歌は大来皇女（おおくのひめみこ）(661-702) が、藤原京から弟の
大津皇子が眠る二上山を眺めて詠んだ歌。

25 Tomo II : 165

Poema de la princesa Ôku (661-702)
expresando su tristeza cuando los restos
del príncipe Ôtsu (663-686) fueron trasladados
al monte Futakami en Katsuragi

Yo, que permanezco entre los vivos,

miraré, desde mañana,

al monte Futakami

como si te viera a ti, mi hermano.

Los restos del príncipe Ôtsu, ejecutado como traidor al Estado, fueron
sepultados formalmente en el monte Futakami, al oeste de la cuenca de
Yamato, tras un entierro provisional. Se trata del poema que compuso la
princesa Ôku mientras contemplaba desde el palacio de Fujiwara el monte
Futakami donde reposaba para la eternidad su hermano, el príncipe
Ôtsu.

26　巻二：一六九

日並皇子尊（草壁皇子）の殯宮の時、
柿本人麿の作った長歌の反歌

<ruby>日並皇子尊<rt>ひなみしのみこのみこと</rt></ruby>（<ruby>草壁皇子<rt>くさかべのみこ</rt></ruby>）の<ruby>殯宮<rt>あらきのみや</rt></ruby>の時、
柿本人麿の作った長歌の反歌

あかねさす
日は照らせれど
ぬばたまの
夜渡る月の
隠らく惜しも

(Akane sasu / hi wa teraseredo / nubatama no /
yo wataru tsuki no / kakuraku oshimo)

あかね色に日は照らすけれども、その日輪にも似た皇子がぬばたまの夜空を渡る月のように隠れてしまったことが惜しくて仕方ありません。

殯宮（あらきのみや）：天皇・皇族の棺を埋葬の時まで安置しておく仮の御殿。
「あかねさす」は「日」を、「ぬばたまの」は「夜」を引き出す枕詞。

26　Tomo II : 169

Hanka adjunto al poema largo
de Kakinomoto Hitomaro
al guardarse temporalmente en un relicario
los restos del príncipe heredero
Hinamishi o Kusakabe, conocido como el Par del Sol

El sol teñido de carmesí

aún brilla,

pero se ha ocultado su par

como la luna en la negra noche
　　　　　　que atraviesa—¡ay!

27 巻二：二〇八

柿本朝臣人麿の妻死りし後に、
泣血ち哀働みて作れる歌

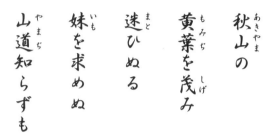

秋山の
黄葉を茂み
迷ひぬる
妹を求めぬ
山道知らずも

(Akiyama no / momiji wo shigemi / matoinuru /
imo wo motomenu / yamaji shirazumo)

秋山の黄葉が繁っているので道に迷ってしまった。
妻を探そうにも、山道を知らないことよ。

死んで葬られることを、秋山に迷い入って隠れたという風に歌っている。現世の
生の連続として遠い処に行く趣であるが、当時は未だそう信じられていたのであ
ろう。

27   Tomo II : 208

Poema acompañado de dos poemas compuestos
por Kakinomoto Hitomaro, quien,
afligido derramaba amargas lágrimas
por la muerte de su esposa

Demasiado espesas las hojas amarillas

en las otoñales montañas:

mi esposa perdida

y no conozco el sendero

por donde encontrarla.

Dar sepultura a alguien se expresa metafóricamente como "ocultarse
perdido en las montañas de otoño". Da la sensación de que se va a un
lugar lejano como continuación de la vida de este mundo. Así eran
probablemente las creencias de la gente de aquellos tiempos.

28　巻二：二一一

柿本朝臣人麿が妻の死を哀しんで詠んだ歌

去年見てし
秋の月夜は
照らせども
相見し妹は
いや年さかる

(Kozo miteshi / aki no tsukuyo wa / terasedomo /
aimishi imo wa / iya toshi sakaru)

昨年は共に見た秋の月が、今年も同じように照っているけれども、妻ひとりは、年月とともに遠ざかることよ。

28 Tomo II : 211

Poema de Kakinomoto Hitomaro
afligido por la ausencia de su esposa

La luna de otoño brilla igual
a como la contemplé el año pasado,
pero, a mi esposa,
    quien la presenció conmigo —
se la ha llevado el discurrir del año.

29 巻二 : 二二二

讃岐(さぬき)の狭岑島(さみねのしま)に、石の中に死れる(しね)人を視て(み)、
柿本朝臣人麿の作れる歌一首
に付随する反歌

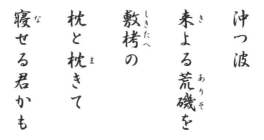

沖つ波
来(き)よる荒磯(ありそ)を
敷栲(しきたへ)の
枕と枕きて(ま)
寝せる(な)君かも

(Okitsunami / kiyoru ariso wo / shikitae no /
makura to makite / naseru kimi kamo)

沖の波がうち寄せる荒磯を、やわらかであるべき
枕として寝ておられるあなたよ。

讃岐(さぬき)の国の狭岑島(さみねのしま)：現在の香川県坂出市。
敷栲(しきたへ)：「布を重ねたような」の意味で、「枕」などに懸る修飾語の枕詞。

29   Tomo II : 222

Hanka al poema de Kakinomoto Hitomaro
al ver a un hombre muerto yaciendo entre las rocas
en la isla de Samine en Sanuki

Haciendo una almohada
finamente trenzada
de la playa rocosa
donde olas de alta mar
azotan,
¡tú, que duermes ahí!

La isla de Samine en Sanuki es la actual ciudad de Sakaide, prefectura de
Kagawa, en la isla de Shikoku.

柿本朝臣人麿の死りし時に、
妻の依羅娘子の作れる歌

今日今日と

わが待つ君は

石川の

貝に〔一は云はく、谷に〕交りて

ありといはずやも

(Kyô kyô to / waga matsu kimi wa / ishikawa no /
kai ni (tani ni) majirite / ari to iwazu yamo)

今日か今日かと私が待つ貴方は石川の貝〔あるいは云
はく、谷〕に交じって倒れているというではありませ
んか。

依羅娘子 (よさみのをとめ) は石見国 (いわみのくに) (現在の島根県の西半分)
での柿本人麿の現地妻とされる女性。
石川は現在の江川 (ごうのがわ) か。

30   Tomo II : 224

Poema de Yosami,
esposa de Kakinomoto Hitomaro,
a la muerte de éste

¡Hoy! ¡Hoy!

Cada día te he esperado,

y ahora, ¿no dicen

que yaces entre las conchas

del río Ishi?

Yosami parece ser la mujer local de Kakinomoto Hitomaro en la provincia de Iwami (mitad occidental de la actual prefectura de Shimane). El río Ishi puede ser el actual río Gônokawa.

柿 本 朝臣人麿が詠んだ
八首の旅の歌のうちの一首

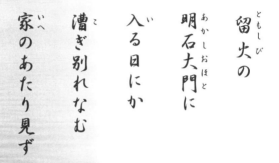

留火の
明石大門に
入る日にか
漕ぎ別れなむ
家のあたり見ず

(Tomoshibi no / Akashi ôto ni / iru hi nika /
kogi wakarenan / ie no atari mizu)

ともしびの明るい明石海峡に入って行く日（沈む夕陽）に
漕ぎ別れて行くのだろうか。家のあたりも見ずに…

「ともしびの」は「明石」にかかる枕詞。
舟の旅路の不安な心情と家に残した妻への思いを表しているのだろう。

31 Tomo III : 254

Uno de los ocho poemas de viaje compuestos
por Kakinomoto Hitomaro

¿Partiré remando del sol

que se pone en el estrecho de Akashi,
brillante con los faroles,

el terruño de mi hogar más allá de mi vista?

El poeta manifiesta probablemente el desasosiego por el viaje que
emprende en barco y la añoranza de su mujer, a quien ha dejado en casa.

32 巻三：二六六

柿　本朝臣人麿の歌一首

淡海の海

夕波千鳥

汝が鳴けば

情もしのに

古　思ほゆ

(Ômi no umi / yûnami chidori / na ga nakeba /
kokoro mo shinoni / inishie omooyu)

淡海の夕波を飛ぶ千鳥よ、お前が鳴くと
心もしなえるように昔のことが思われる。

淡海(あふみ)の海：　琵琶湖のこと。
「古(いにしへ)」とは近江に京があった頃のことで、かつての近江京の人々、そして壬申の乱(じんしんのらん)で亡くなった人々の魂を慰めようとした鎮魂歌であろう。

32 Tomo III : 266

Otro poema de Kakinomoto Hitomaro

Chorlito peinador de las olas vespertinas
en el mar de Ômi,

cuando tú cantas
la nostalgia me invade

y rememoro el pasado.

Mar de Ômi: Lago Biwa en la prefectura de Shiga.
El "pasado" se refiere a los tiempos en que se encontraba en Ômi, la
capital establecida por el emperador Tenji (667), pero abandonada cinco
años después por la derrota en la Guerra de Sucesión de Jinshin (672). El
poeta seguramente echa de menos a la gente de Ômi y a quienes murieron
en la guerra, y ruega por el eterno descanso de sus almas.

33 巻三：二八九

間人宿禰大浦（生没年未詳）の
初月の歌二首のうちの一首

天の原
ふりさけ見れば
白真弓
張りて懸けたり
夜路は吉けむ

(Ama no hara / furisake mireba / shiramayumi /
harite kaketari / yomichi wa yoken)

大空を振り仰いでみると白い真弓を張ったように
三日月が懸っているよ。夜道は明るくてよいだろ
う。

「真弓（まゆみ）」は檀（まゆみ）の木（別名山錦木（やまにしきぎ））で作った弓
のことで、三日月をたとえたもの。

Uno de los dos poemas de Hashihito Ôura
(fechas desconocidas) sobre la luna creciente

Volviéndome a contemplar

la bóveda celeste,

veo la luna suspendida

como un blanco arco tensado
                    del árbol del paraíso;

el camino nocturno debe ser claro.

Arbol del paraíso: especie arbórea del género *Melia* de la familia
Meliaceae.

34　巻三:三一八

山部赤人の長歌に付けられた反歌

田児の浦ゆ
うち出て見れば
真白にそ
不尽の高嶺に
雪は降りける

(Tago no ura yu / uchiidete mireba / mashiro nizo /
Fuji no takane ni / yuki wa furikeru)

　　田子の浦から出て眺めると真っ白に富士山の高嶺に
　　雪が降っているよ。

田子の浦は薩埵峠 (さつたとうげ)（静岡県静岡市清水区にある峠）を越えた辺
りだろうか。
「田児の浦ゆ」の「ゆ」は、どこどこを通って、経由しての意。
富士山は今でも一種の聖なる神の山として崇められているが、万葉の時代の赤人
たちにとってはまさに神そのものの雄姿として感動を与えたことであろう。

Poema *hanka* de Yamabe no Akahito

Saliendo de la ensenada de Tago
me maravillo:
¡Cuánta blancura!
En la altísima cumbre del monte Fuji
cae la nieve sin pausa.

La ensenada de Tago se refiere tal vez al lugar donde termina el puerto de Satsuta (puerto de montaña localizado en el distrito de Shimizu, de la ciudad de Shizuoka, prefectura de Shizuoka).
El monte Fuji se venera aún hoy en día como una montaña casi sagrada, pero para la gente de la era de *Man'yo,* como Akahito, la vista del monte Fuji era conmovedora, imponente y gallarda como un dios.

高橋虫麻呂の長歌に付けられた反歌

不尽の嶺を

高み恐み

天雲も

い行きはばかり

たなびくものを

(Fuji no mine wo / takami kashikomi / amagumo mo /
iyuki habakari / tanabiku mono wo)

富士の山が高くおそれ多いので、天雲も流れたゆたって、
頂にたなびいているよ。

Poema *hanka* de Takahashi Mushimaro

Por la altura del monte Fuji que se yergue,

hasta las nubes del cielo

vacilan, con profundo respeto,

                         en avanzar

y se extienden flotantes.

36　巻三：三二六

門部王（かどべのおほきみ）の難波（なには）に在りて、
漁父（あま）の燭光（ともしび）を見て作れる歌

見渡せば
明石（あかし）の浦に
燭（とも）す火の
秀（ほ）にそ出（い）でぬる
妹に恋ふらく

(Miwataseba / Akashi no ura ni / tomosu hi no /
ho nizo idenuru / imo ni kouraku)

難波の岸辺から遠く見渡すと明石の浦に点している漁（いさ）り火が見える。その炎のようにはっきりとあらわれ出てしまった妻への恋しさが。

「秀（ほ）」とは「出たもの」をいう言葉で、炎「火（ほ）の秀（ほ）」などの語源。

36　Tomo III : 326

Poema compuesto por el príncipe Kadobe
cuando se encontraba en Naniwa
y vio la lumbre prendida en las barcas de pescadores

Al tender la vista

veo el fuego desde las barcas de pescadores

en la bahía de Akashi.

Tan claro se ha revelado en mi rostro

el anhelo por mi amor.

37　巻三：三二八

太宰少弐小野老朝臣の歌一首

あをによし

寧楽の京師は

咲く花の

薫ふがごとく

今盛りなり

(Aoni yoshi / Nara no miyako wa / saku hana no /
niou ga gotoku / ima sakarinari)

奈良の都は、咲きほこる花が匂い輝くように、今、真っ
盛りである。

大宰少弐（だざいのしょうに）は大宰府の次官で、小野老（おののおゆ）は立場
上この時期、大宰師として派遣されていた大伴旅人（おほとものたびと）の部下
であったのだろう。万葉集のなかでも最も人口に膾炙された歌のひとつ。
あをに（青丹）：「に」は土の意。青黒い土。「あをに（青丹）よし」は、奈良を
導く枕詞。

Poema de Ono Oyu (? – 737),
vicegobernador general del Dazaifu

La capital, Nara,
   preciosa en verde tierra,
relumbra ahora en la cúspide de su esplendor
como las flores en plenitud
de belleza y fragancia.

Ono Oyu, como vicegobernador general, era subordinado de Ôtomo Tabito, gobernador general del *Dazaifu*, órgano administrativo regional establecido en la provincia de Chikuzen, actual prefectura de Fukuoka, Kyûshû, en la segunda mitad del S. VII. De todos los poemas de *Man'yoshu*, este será probablemente uno de los más populares.

38　巻三：三三一

太宰師大伴旅人の歌五首のうちの一首

わが盛（さかり）
また変若（をち）めやも
ほとほとに
寧楽（なら）の京（みやこ）を
見ずかなりなむ

(Waga sakari / mata ochime yamo / hotohoto ni /
Nara no miyako wo / mizuka narinan)

私のいのちの盛りは、ふたたび若返って訪れることが
あろうか。いやいや、ほとんど奈良の都を見ずじまい
になってしまうだろう。

旅人は62、3歳頃（神亀3、4年）太宰帥(だざいのそち)に任ぜられ、天平2
年大納言になって兼官のまま上京し、天平3年67歳で薨じている。

38   Tomo III : 331

Poema de Ôtomo Tabito,
gobernador general del Dazaifu

¿Podré recuperar

la plena floración de mi juventud,

o moriré probablemente

antes de poder ver la capital, Nara,

una vez más?

Ôtomo Tabito fue nombrado gobernador general del *Dazaifu* cuando tenía
sesenta y dos o sesenta y tres años (726 o 727) y en 730 volvió a la capital,
Nara, como gran consejero. Falleció al año siguiente a los sesenta y siete
años de edad.

39 巻三：三三七

やまのうへのおくらのおみうたげまか
山　上憶良臣の宴を罷るの歌一首

憶良らは
今は罷らむ
子泣くらむ
そのかの母も
吾を待つらむそ

(Okura ra wa / ima wa makaran / ko nakuran /
sono kano haha mo / a wo matsuranzo)

この憶良はもう退出しましょう。子どもが泣いている
でしょう。その子の母親も私を待っているでしょうよ。

これは太宰府における宴会の際の歌であろう。そろそろ70歳になろうという、
しかも病に苦しむ憶良が「家で子が泣きながら待ち、その子の（若い）母が待っ
ている」と詠えば、宴会は大笑いのうちにお開きになったことであろう。

39 Tomo III : 337

Poema de Yamanoue Okura,
al despedirse de sus colegas en un banquete

Okura ha de despedirse ahora.

Mi hijo debe de estar llorando

y su madre,

que le lleva sobre sus espaldas,

esperándome.

Resulta embarazoso despedirse en medio de un banquete, pero se dice que
Okura tenía casi 70 años o aún más en aquel entonces, por lo tanto, seguro
que todo el mundo le despidió con sonrisa condescendiente o con hilaridad
por tener un hijo tan pequeño a su edad.

40 巻三：三四四

大伴旅人（おほとものたびと）の酒を讃（ほ）むるの歌十三首のうちの一首

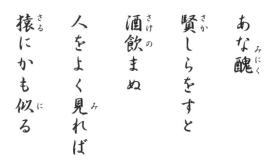

あな醜（みにく）
賢（さか）しらをすと
酒（さけ）飲（の）まぬ
人をよく見（み）れば
猿（さる）にかも似（に）る

(Ana miniku / sakashira wo suto / sake nomanu / hito wo yoku mireba / saru ni kamo niru)

ああみっともない。利口ぶって酒を飲もうとしない人をよく見ると、なんと猿に似ていることよ。

40 Tomo III : 344

Uno de los poemas en alabanza al sake
de Ôtomo Tabito

¡Oh, qué feo!

Mira bien a un hombre que se da aires

pero no toma sake,

se parece a un mono.

41　巻三：三五一

沙弥満誓(さみまんせい)の歌一首

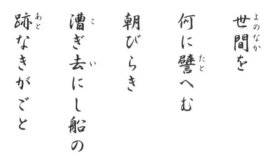

世間(よのなか)を
何に譬(たと)へむ
朝びらき
漕(こ)ぎ去(い)にし船の
跡(あと)なきがごと

(Yo no naka wo / nani ni tatoen / asa biraki /
kogi inishi fune no / ato naki ga goto)

この世を何にたとえよう。朝港を出ていった船の引く
跡がわずかの間で跡形もなくなってしまうようなもの
だ、といおうか。

沙弥満誓(さみまんせい、生没未詳)はもとの名を笠麿(かさまろ)といい、朝
廷に仕える笠氏出身の朝臣だったが元明天皇の病の際に出家し沙弥満誓となっ
た。

41   Tomo III : 351

Poema compuesto por el monje Mansei

¿A qué comparo
esta vida?
Es como un barco
que zarpa del puerto por la mañana
sin dejar ni una estela en la mar.

El nombre secular del monje Mansei (fechas desconocidas) era Kasa Maro, y pertenecía al noble clan que servía al emperador. Al enfermar el emperador Genmei (661-721), se hizo bonzo.

42　巻三：三五二

若湯座王 の歌一首

葦へには
鶴が音鳴きて
湖風
寒く吹くらむ
津乎の崎はも

(Ashibe niwa / tazu ga ne nakite / minatokaze /
samuku fukuran / tsuwo no saki wamo)

葦べに鶴の鳴き声が寒々と聞こえて来る。港には風が
冷たく吹いているであろう。津乎の埼よ。

「津乎(つを)の崎」は所在不明だが、難波の津の尖端の岬だろうか。

Poema compuesto por el príncipe Wakayue

Las grullas gruyendo

entre las cañas.

Los vientos de su puerto

deben de estar soplando fríamente,

cabo de Tsuo.

El lugar del cabo de Tsuo es desconocido. Puede ser en la ensenada de
Naniwa (Osaka) o en la costa del lago Biwa, prefectura de Shiga.

43 巻三：四一五

上宮聖徳皇子の竹原井に出遊しし時に、
龍田山の死れる人を見て
悲傷びて作りませる御歌一首

家にあれば
妹が手まかむ
草枕
旅に臥せる
この旅人あはれ

(Ie ni areba / imo ga te makan / kusamakura /
tabi ni koyaseru / kono tabito aware)

家にいたら妻の手を枕としているであろうに、草を枕
の旅路に倒れているこの旅人よ。ああ。

日本書紀などによると、聖徳太子が竹原井 (たかはらのゐ) (大阪府柏原市) に
遊行した際、一人の異人が道に伏して飢餓に苦しんでいた。太子はこれを憐れん
で衣食を給し、一首の和歌を詠んで去られた。翌日、飢餓に苦しんでいた異人は
亡くなり、太子は側近の者に命じて厚く葬らせたという。ところが後日、その屍
を検視したところ、屍は消え衣服だけが棺の上に残されていた。世人はこれを達
磨の化身だといい、その奇跡に驚いたという。

Poema del príncipe Uenomiya Shôtoku,
expresando su desolación al encontrar el cuerpo
de un extranjero muerto en la montaña de Tatsuta
durante su peregrinaje a Takaharanoi

Si hubiera estado en su hogar

se habría recostado

entre los brazos de su mujer,

pero aquí, de viaje,

se acuesta en una almohada de hierbas —

¡pobre viandante!

Según el *Nihonshoki* (720), el segundo libro más antiguo sobre la historia
de Japón, cuando el príncipe Shôtoku (574-622) se trasladaba con su
séquito a Takaharanoi (actual ciudad de Kashiwabara, en la prefectura
de Ôsaka) encontró a un extranjero yacente, carcomido por el hambre.
Apiadado, le ofreció alimento y ropas, y se despidió dejándole un poema. Al
día siguiente, el extranjero murió y el príncipe ordenó a sus allegados que
le dieran sepultura con todos los honores. Posteriormente, se descubrió
que había desaparecido el cadáver y habían quedado únicamente los
ropajes sobre el ataúd. Todo el mundo creyó que era la encarnación
de Daruma o Bodhidharma, monje de origen persa y vigésimo octavo
patriarca del budismo, y el supuesto milagro causó un gran impacto.

44　巻三：四一六

大津皇子(六六三‐六八六)の
被死らしめられし時に、
磐余の池の般にして涕を流して作りませる御歌一首

ももづたふ
磐余の池に
鳴く鴨を
今日のみ見てや
雲隠りなむ

(Momozutau / Iware no ike ni / naku kamo wo /
kyô nomi miteya / kumogakurinan)

磐余の池に鳴く鴨を見るのも今日を限りとして、私は
雲の彼方に去るのだろうか。

「もも(百)づたふ」：多くの地を次々に伝わりゆく意で、地名「磐余(いはれ)」
にかかる枕詞。
大津皇子(おほつのみこ)は 686 年、天武天皇が崩御すると、密告により謀反の
意ありとされて捕えられ、翌日に磐余(奈良盆地桜井市中部と橿原市の間)にあ
る自邸にて自害した。享年 24。

44   Tomo III : 416

Poema compuesto por el príncipe Ôtsu (663-686),
llorando a orillas del estanque de Iware,
cuando iba a ser ejecutado

Los ánades graznan

en el estanque de Iware.

¿Los veré hoy por última vez

y desapareceré mañana

entre las nubes?

Al fallecer el emperador Tenmu en 686, el príncipe Ôtsu fue detenido por
un supuesto intento de conjura debido a una delación. Al día siguiente, se
autoejecutó a los 24 años de edad en su residencia de Iware, ubicada entre
las actuales ciudades de Sakurai y Kashihara, en la cuenca de Nara.

45　巻三：四五〇

<ruby>大伴旅人<rt>おおとものたびと</rt></ruby>が大宰師（大宰府の長官）としての
三年近い任期を終えて奈良へ戻るときに
詠んだ五首のうちの一首で、
大宰府で亡くなった妻を偲ぶ歌

往くさには
<ruby>二人<rt>ふたり</rt></ruby>わが見し
この崎を
<ruby>独<rt>ひと</rt></ruby>り過ぐれば
こころ悲しも

(Yuku sa niwa / futari waga mishi / kono saki wo /
hitori sugureba / kokoro kanashimo)

行きがけには妻と二人でみたこの岬を、今一人で通り
過ぎて行くと、心は悲しみに暮れることよ。

旅人の妻は着任後間もない 728 年に太宰府で死去した。
「この崎」は「敏馬 (みぬめ) の崎」で現在の兵庫県神戸市灘区のあたり。

45   Tomo III : 450

Poema compuesto por Ôtomo Tabito
recordando a su difunta mujer,
al pasar por el cabo de Minume
en su viaje de regreso del Dazaifu
a la capital en 730

En el camino de ida

contemplé este cabo con mi mujer,

ahora, pasando en soledad,

me invade una indescriptible tristeza.

La amada esposa de Tabito murió en el Dazaifu en 728, poco después de la
incorporación de su esposo a su nuevo cargo allí.
El cabo de Minume está cerca del actual distrito de Nada-ku, en la ciudad
de Kobe, prefectura de Hyôgo.

<ruby>故郷<rt>ふるさと</rt></ruby>の家に還り入りて、即ち作れる歌三首の一首

人もなき

空しき家は

草<ruby>枕<rt>くさまくら</rt></ruby>

旅にまさりて

苦しかりけり

(Hito mo naki / munashiki ie wa / kusamakura /
tabi ni masarite / kurushikarikeri)

愛する妻もいない空しい家は、草を枕の旅以上に心み
たされぬことよ。

大伴旅人 (おほとものたびと) が大宰師 (だざいのそら) （大宰府の長官）としての三年近い任期を終えて奈良の家に戻ってきたときに詠んだ歌。太宰府に赴任する時には元気だった妻はもうこの世にいない。

46   Tomo III : 451

Poema compuesto por Ôtomo Tabito,
al volver a su casa en Nara,
tras cumplir cerca de tres años
de mandato como gobernador general del Dazaifu.
Su esposa, que se encontraba bien en su partida,
había abandonado ya este mundo.

Estar en esta vacía casa,

con nadie,

es más doloroso

que viajar en solitario

con una almohada de hierbas.

47　巻四：四八八

額田王の近江天皇を思ひて作れる歌一首
（ぬかたのおほきみ）（あふみ）（すめらみこと）（しの）

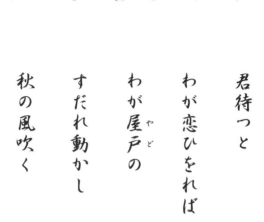

君待つと
わが恋ひをれば
わが屋戸の
すだれ動かし
秋の風吹く
（や）（ど）

(Kimi matsuto / waga koioreba / waga yado no /
sudare ugokashi / aki no kaze fuku)

あなた様を恋しく待っていますと、家の簾を動かして
秋の風が吹いてきます。
（すだれ）

額田王 (ぬかたのおおきみ) が天智天皇を想い詠った恋歌。額田王は最初大海人
皇子 (おおあまのみこ)(天武天皇) に嫁ぎ、のちに天智天皇に仕えた。

47   Tomo IV : 488

Poema de la princesa Nukata
lamentando la ausencia del emperador Tenji

Mientras te espero, mi señor,

con ansia

en mis aposentos,

las persianas de bambú se agitan

con el viento de otoño.

Véase la nota de la pág. 47 (I:20).

48　巻四：四九六

<ruby>柿<rt>かき</rt></ruby><ruby>本<rt>のもと</rt></ruby><ruby>朝臣<rt>のあそ</rt></ruby><ruby>人麿<rt>みひとまろ</rt></ruby>の歌四首の一首

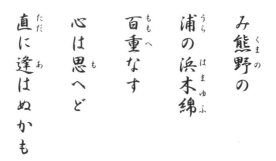

み<ruby>熊<rt>くま</rt></ruby><ruby>野<rt>の</rt></ruby>の
<ruby>浦<rt>うら</rt></ruby>の<ruby>浜木綿<rt>はまゆふ</rt></ruby>
<ruby>百<rt>もも</rt></ruby><ruby>重<rt>へ</rt></ruby>なす
心は<ruby>思<rt>も</rt></ruby>へど
<ruby>直<rt>ただ</rt></ruby>に<ruby>逢<rt>あ</rt></ruby>はぬかも

(Mikumano no / ura no hamayû / momoe nasu /
kokoro wa moedo / tada ni awanukamo)

熊野の海岸に<ruby>茂<rt>しげ</rt></ruby>っている<ruby>浜木綿<rt>はまゆう</rt></ruby>の葉が幾重にも重なっているように、心では幾重にもあの人のことを思っているが、直接には会えないことだ。

浜木綿 (はまゆう) の偽茎は、薄い皮のようなものが何重にも重なっており、この様子から「百重 (ももへ) なす」と詠まれたのであろう。

48 Tomo IV : 496

Poema de Kakinomoto Hitomaro

Mi anhelo por ella crece multiplicado
por cien en mi corazón
como las hojas de múltiples capas de crinum
en la hermosa playa de Kumano,
pero, ¡ay!, no puedo verle frente a mí.

Kumano: es una región del extremo sur de la península de Kii.
Crinum: es una especie perenne y bulbosa que presenta vistosas flores
blancas y hojas de múltiples capas.

49　巻四：五二七

おほとものさかのうへのいらつめふじはらのまろ
大伴坂上郎女が藤原麿の歌などに答えて
贈った四首の返歌のうちの一首

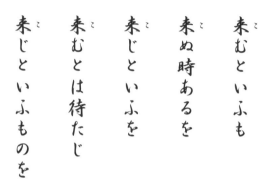

来（こ）むといふも
来（こ）ぬ時あるを
来（こ）じといふを
来（こ）むとは待たじ
来（こ）じといふものを

(Kon to iu mo / konu toki aru wo / koji to iu wo /
kon towa mataji / koji to iu mono wo)

今夜は来ると言っても来ないときがあるのに、来ない
と言うのを来ると思って待ちはすまい。来ないと言っ
ているのに。

大伴坂上郎女 (おほとものさかのうへのいらつめ、生没年不詳) は大伴旅人の異
母妹。大伴家持の叔母で姑でもある。
任地の太宰府で妻を亡くした大伴旅人のもとに赴く。旅人の死去（731）後は大
伴氏の刀自（主婦）として、一族を統率した。

49   Tomo IV : 527

Poema enviado por la Dama Ôtomo Sakanoue
en respuesta a Fujiwara Maro

Aún cuando dices que vendrás,

a veces no vienes.

Ahora que dices que no vienes,

no te esperaré con la esperanza de que vengas—

no, cuando dices que no vienes.

La Dama Ôtomo Sakanoue (fechas desconocidas) fue hermanastra, y
también tía y suegra, de Ôtomo Tabito. Cuando su esposa murió en el
Dazaifu, ella se trasladó a vivir con él. Tras el fallecimiento de Tabito en
Nara en 731, asumió el papel de matriarca del clan Ôtomo.

50　巻四：五六三

おほとものさかのうへのいらつめ
大伴坂上郎女の歌

黒髪（くろかみ）に
白髪（しらかみ）交（ま）じり
老（お）ゆるまで
かかる恋には
いまだ逢（あ）はなくに

(Kurokami ni / shirakami majiri / oyuru made /
kakaru koi niwa / imada awanakuni)

黒髪に白髪が交じる老年の今日まで、これほどの恋に
はいまだ出逢ったことがありません。

50   Tomo IV : 563

Poema de la Dama Ôtomo Sakanoue

Nunca hasta ahora
en esta larga vida,
  cuando blancos cabellos se mezclan
  entre los negros,
había caído en un enamoramiento como este.

51　巻四：六〇二

笠女郎（かさのいらつめ）が大伴家持（おほとものやかもち）に贈った
二十四首の相聞歌のうちの一首

夕（ゆふ）されば
もの思（も）ひまさる
見し人の
言（こと）とふ姿
面影（おもかげ）にして

(Yû sareba / monomoi masaru / mishi hito no /
koto tou sugata / omokage ni shite)

夕方になると物思いがさらに募ります。お逢いした方
の優しい言葉をかけてくださるご様子が、面影に浮か
んで。

笠女郎（かさのいらつめ）（生没年未詳）については、大伴家持と愛人関係にあっ
たことの他にはあまり知られていないが、家持に贈った彼女の24首の歌が万葉
集に収められている。

51   Tomo IV : 602

Uno de los veinticuatro poemas de amor enviados
por Kasa no Iratsume
o Dama Kasa a Ôtomo Yakamochi

Cuando llega la noche,

sufro mi anhelo más intenso

por la persona que encontré.

Imborrable la imagen

de su manera de hablarme.

Sobre Kasa no Iratsume (fechas desconocidas) sólo se conoce que mantenía
relaciones amorosas con Ôtomo Yakamochi, pero se incluyeron en
Man'yoshu veinticuatro poemas enviados a él por ella.

52　巻四：六〇七

笠女郎（かさのいらつめ）が大伴家持（おほとものやかもち）に贈った
もうひとつの相聞歌

皆人（みなひと）を
寝（ね）よとの鐘（かね）は
打つなれど
君をし思（も）へば
寝（い）ねかてぬかも

(Mina hito wo / neyo tono kane wa / utsu naredo /
kimi wo shi moeba / ine gatenu kamo)

皆の人々に寝よという鐘は打つけれど、あなたのこと
を思うと、私は寝つかれないこです。

「鐘」とは、この時代、亥（ゐ）の刻（現在の深夜10時ごろ）に寝る時間の合図
として4回打たれた鐘のこと.

52 Tomo IV : 607

Otro poema de Kasa no Iratsume
enviado a Ôtomo Yakamochi

Aun cuando suena el toque
        de queda de las campanas
para que todos nos acostemos,
no puedo dormir
    pensando en ti.

En aquellos tiempos se tocaban las campanas cuatro veces para anunciar
la hora del jabalí (alrededor de las diez de la noche actual, según los
signos del zodíaco chino) para acostarse.

53 巻四：六〇八

笠女郎（かさのいらつめ）の大伴家持（おほとものやかもち）に贈れる
二十四首の相聞歌のうちの一首

相思（あひおも）はぬ
人を思（おも）ふは
大寺（おほてら）の
餓鬼（がき）の後（しりへ）に
額（ぬか）づくがごと

(Ai omowanu / hito wo omou wa / ôdera no /
gaki no shirie ni / nukazuku ga goto)

思ってもくれない人を思うなんて、大寺の役に立たぬ
餓鬼像を、しかも後ろからひれ伏して拝むみたいなも
のです。

53   Tomo IV : 608

Un poema más de Kasa no Iratsume
enviado a Ôtomo Yakamochi

Anhelar a alguien

que no te anhela a ti

es como arrodillarse ante un demonio hambriento

en un gran templo

detrás de él.

54　巻四：六二六

八代女王の聖武天皇に献れる歌一首

君により
言の繁きを
古郷の
明日香の川に
潔身しに行く

(Kimi ni yori / koto no shigeki wo / furusato no /
Asuka no kawa ni / misogi shini yuku)

あなたによって評判がうるさくたちました。故郷の明
日香川に、それを清め流すために私は行きます。

八代女王 (やしろのおおきみ) (生没未詳) が聖武 (しょうむ) 天皇に献上した一
首で、八代女王は正式に認められない聖武天皇の妻だったのではないかとも言わ
れる。

54   Tomo IV : 626

Poema ofrecido al emperador Shômu
por la princesa Yashiro

Por tu causa, mi señor,

los rumores sobre mí corren más y más.

Iré al río Asuka

  de mi pueblo natal,

para sacudirme allí el polvo de las habladurías.

明日香川（奈良県中部）
Río Asuka
(parte central de la prefectura de Nara)

Se supone que la princesa Yashiro (fechas desconocidas) fue una esposa no
reconocida oficialmente por el emperador.

55　巻四:六六一

大伴坂上郎女（おほとものさかのうへのいらつめ）が詠んだ六首のうちの一首

恋ひ恋ひて

逢（あ）へる時だに

愛（うるは）しき

言尽（ことつく）してよ

長くと思はば

(Koi koite / aeru toki dani / uruwashiki /
koto zukushiteyo / nagaku to omowaba)

何度も恋いてようやく逢えたその時ぐらい愛おしむ言
葉をかけてくださいね。私といつまでもとお思いでし
たら…

大伴坂上郎女（おほとものさかのうへのいらつめ）については p.136（IV:527）
参照。

55   Tomo IV : 661

Dos poemas compuestos
por la Dama Ôtomo Sakanoue

Ya que por fin nos vemos

tras días de vehemente anhelo,

te ruego que pronuncies para mí
dulces palabras de amor,

si deseas que nuestra relación perdure.

Dama Ôtomo Sakanoue: véase la nota de la pág. 137 (IV: 527).

56　巻四：六八八

坂上郎女のもう一つの歌
（さかのうえいらつめ）

青山を
横切る雲の
いちしろく
われと笑まして
人に知らゆな
（あをやま）
（え）

(Aoyama wo / yokogiru kumo no / ichishiroku /
ware to emashite / hito ni shirayuna)

青い山を横切って流れる雲が白く目立つようにはっき
りと私に微笑みかけて、二人の仲を人に知られないよ
うにね。

いちしろく：鮮やかに、はっきりと。

56   Tomo IV : 688

Otro poema de la Dama Ôtomo Sakanoue

No dejes que otros se enteren de lo nuestro
por sonreírme sin disimulo
como una blanca nube que atraviesa
por la faz de una azul montaña.

丹波大女娘子（生没未詳）の詠んだ
三首の恋歌のうちの一首

味酒を
三輪の祝が
いはふ杉
手触れし罪か
君に逢ひがたき

(Umasake wo / Miwa no hôri ga / iwau sugi /
te fureshi tsumi ka / kimi ni aigataki)

味酒よ神酒 ── 三輪の神官がまつる杉に手を触れるような罪を犯したのでしょうか、あなたに会えないのは。

「味酒（うまさけ）」：神酒を「みわ」といったことから三輪にかかる枕詞で、「味酒三輪」は奈良の三輪山と、三輪山を奉る大神（おおみわ）神社のこと。
祝（はふり）：神主、禰宜（ねぎ）に次ぐ身分の神官。

Poema de la Doncella Ôme de Taniwa
(fechas desconocidas)

¿Será por un pecado?

¿Haber tocado el cedro

consagrado por los bonzos de Miwa,

Miwa de dulce vino,

es lo que me dificulta tanto verte?

Se refiere al monte Miwa, ubicado en la cuenca de Nara, así como también
al templo sintoísta de Ômiwa, dedicado a ese monte que se consideraba
sagrado por residir allí Omononushi, dios de la serpiente blanca.
Dulce vino: *makura-kotoba*, palabras que acompañan tradicionalmente
a ciertos nombres, cumpliendo una función semejante a la de los epítetos
homéricos (p. ej. *"yama"*, montaña, es siempre *"ashibiki no yama"*: la
montaña donde se arrastran los pies, evocando el rumor de los pasos de
quien sube una montaña) y "dulce vino" se aplica al monte Miwa.

58　巻四：七一五

大伴宿禰家持が娘子に贈った
七首の恋歌のうちの一首

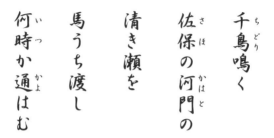

千鳥鳴く
佐保の河門の
清き瀬を
馬うち渡し
何時か通はむ

(Chidori naku / Saho no kawado no / kiyoki se wo /
uma uchiwatashi / itsuka kayowan)

千鳥の鳴く佐保川の渡しの清らかな瀬を、馬を渡して、
私はいつ通うことができるだろうか。

この時代の逢瀬は夜の人目に付かない時間帯に、男が女の家に通って逢うのが一
般的な形だった。
それゆえに家持もいつかそのように佐保川を渡って娘子の家に通える日が来るの
を願ったのであろう。

Poema enviado a una doncella
por Ôtomo Yakamochi

¿Cuándo podré frecuentar tu compañía

espoleando a mi caballo

a través del vado cristalino

del riachuelo Saho,

donde los chorlitos cantan?

佐保川（奈良県北部）
Riachuelo Saho en el norte de Nara

En aquella época era habitual que el encuentro amoroso tuviera lugar a horas discretas para no llamar la atención de los vecinos y que el hombre visitara a la mujer. Por lo tanto, probablemente Yakamochi deseaba que llegara el día en que pudiera visitar a su amor cruzando el riachuelo Saho.

59　巻四：七三四

大伴宿禰家持が大伴坂上大嬢に贈った
三首のうちの一首

わが思ひ
かくてあらずは
玉にもが
真も妹が
手に巻かれむを

(Waga omoi / kakute arazuwa / tama nimo ga /
makoto mo imo ga / te ni makaren wo)

こんな思いばかりしていないで、いっそ玉になりたい。
そうすればほんとに君の手に巻かれて側にいられるも
のを。

大伴坂上大嬢(おほとものさかのうへのおほとめ)は生没年不詳、大伴家持の
従妹でのち正妻になる。
「わが思ひかくてあらずは」とは、先の歌（巻Ⅳ:733）にあるひとり寝の寂しさ
のこと。

59 Tomo IV : 734

Uno de los tres poemas que Ôtomo Yakamochi
envió a Ôtomo Sakanoue no Ô-otome

En lugar de este sinvivir,

¡Oh, si pudiera ser yo una alhaja

enrollada vivamente

alrededor de la muñeca de mi amor!

Se desconocen las fechas de Ôtomo Sakanoue no Ô-otome, quien era prima
de Ôtomo Yakamochi y contrajo matrimonio con éste posteriormente.
En lugar de este sinvivir: en su poema anterior (IV:733), el poeta se
lamenta de la tristeza de dormir acompañado por la soledad.

さらに、大伴宿禰家持が大伴坂上大嬢に贈った
十五首の恋歌うちの一首

わが恋は
千引の石を
七ばかり
首に繋けむも
神のまにまに

(Waga koi wa / chibiki no iwa wo / nana bakari /
kubi ni kaken mo / kami no mani mani)

わが恋こそ千人引きの岩を七つだって首にかけましょ
うよ。神様の思召しのままに。

60   Tomo IV : 743

Otro poema de Ôtomo Yakamochi
a Ôtomo Sakanoue no Ô-otome

Tan vehemente es mi deseo
que sustentaría siete rocas
cada una tirada por mil hombres
y todas colgadas de mi cuello —
mas lo dejo a la voluntad de los dioses.

千引の岩（島根県松江市）
Las siete rocas en Matsue,
prefectura de Shimane

61　巻四：七九三

大宰師大伴 卿 の凶問に報へる歌一首
（だざいのそちおほとものまへつきみきょうもん こた）

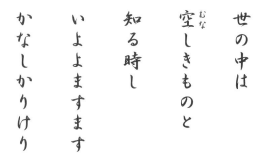

世の中は
空（むな）しきものと
知る時し
いよよますます
かなしかりけり

(Yo no naka wa / munashiki mono to / shiru toki shi /
iyoyo masumasu / kanashikarikeri)

人の世は空しいものだと思い知る今こそ、悲しみはますます深まってくることだ。

大伴旅人 (665-731) は万葉集の編者といわれる大伴家持 (718-785) の父で代々の武門の名家出身者として九州での反乱を鎮圧するなどの活躍をした傍ら、赴任先の大宰府で山上憶良 (やまのうへのおくら、660-733) らと親交を持ち、奈良の都のそれとは一風違った後世に筑紫 (つくし) 歌壇と呼ばれる多彩な歌を残している。詞書きに凶問 (きょうもん) に報 (こた) へる歌とあるが、これは天武天皇 (? − 686) の皇女、田形皇女 (たかたのひめみこ、?–728) の訃報で、訃報を知らせてくれた使者に対してこの歌を詠んだのであろう。旅人は太宰師として筑紫に着任した翌年、その地で妻の大伴郎女 (おおとものいらつめ) を亡くした。妻を亡くした悲しみに沈んでいるときに、さらに都から届いた訃報は、旅人のこころをさらに重いものにしたのであろう。

61   Tomo IV : 793

Poema de Ôtomo Tabito (665-731),
comandante del Dazaifu,
en respuesta a un aciago aviso

Ahora que tomo conciencia

de la evanescencia de este mundo,

me siento más triste,

más desolado que nunca.

Ôtomo Tabito era el padre de Ôtomo Yakamochi (718-785), recopilador
de la antología *Man'yoshu*, y como vástago de un ilustre linaje de clase
guerrera, llevó a cabo grandes hazañas como sofocar la rebelión en Kyûshû
(720). También mantuvo amistad con poetas como Yamanoue Okura (660-
733) en el Dazaifu y legó numerosos poemas un tanto diferentes de los que
se estilaban en Nara, la capital. Este poema lo compuso probablemente
cuando recibió la noticia de la muerte de la princesa Tagata (?-728), hija
del emperador Tenmu (?-686). Tabito perdió a su esposa al año siguiente
de su llegada al Dazaifu, como comandante, y quizá cuando aún estaba
sumido en la más profunda tristeza, le llegó el aviso del otro fallecimiento
desde la capital.

やまのうへのおくら
山上憶良の子らを思へる歌

瓜食めば
子供思ほゆ
栗食めば
まして思はゆ
何処より
来りしものぞ
眼交に
もとな懸りて
安眠し寝さぬ

(Uri hameba / kodomo omooyu /
kuri hameba / mashite shinobayu /
izuku yori / kitarishi mono zo /
manakai ni / motona kakarite / yasui shi nasanu)

瓜を食べると子どものことが思われる。栗を食べると、
まして偲ばれてならない。一体、子どもというものは
どこから（どのような縁で、私のところに）来たもの
だろうか。目の先にちらついては、私を安眠させない。

眼交（まなかい）：目と目の間、目の先。
もとな：　やたらに、むやみに

62　Tomo V : 802

Poema de amor a sus hijos compuesto
por Yamanoue Okura

Cuando degusto melón,

pienso en mis hijos.

Cuando saboreo castañas,

siento nostalgia de ellos aún más.

¿De dónde me vendrán estos sentimientos?

Titilando ante mis ojos sin cesar

no me dejan estos recuerdos dormir en paz.

先の巻伍八〇二の歌の反歌

銀 も
金 も 玉 も
何 せ む に
勝れる 宝
子 に 及 か め や も

(Shirogane mo / kugane mo tama mo / nani sen ni /
masareru takara / ko ni shikame yamo)

銀も金も、玉とても、何の役に立とう。すぐれた宝も
子に及ぶことなどあろうか。

63   Tomo V : 803

Hanka al poema anterior del susodicho poeta

¿Qué joyas necesito
   de oro
   o de plata?
¿Podría acaso el más precioso tesoro
   igualar el valor de mi hijo?

64　巻五：八一八

大宰師大伴 卿 の宅の宴の
梅花の歌三十二首 （その三首）
筑前 守　山上大夫

春されば　まづ咲く庭の　梅の花　独り見つつや　春日暮さむ

(Haru sareba / mazu saku niwa no / ume no hana /
hitori mitsutsu ya / haruhi kurasan)

春になると最初に咲くわが家の梅花、私一人で見つつ
一日をすごすことなど、どうしてしようか。

筑前守山上 (つくしのみちのくのかみやまのうへの) 大夫は山上憶良 (やまのう
へのおくら) のこと。

64   Tomo V : 818

Poema de Yamanoue Okura,
gobernador de la provincia de Chikuzen
(actual prefectura de Fukuoka).
Es uno de los treinta y dos poemas
sobre las flores de ciruelo compuestos
en el banquete ofrecido en la residencia
de Ôtomo Tabito, comandante del Dazaifu:

Las flores de ciruelo de mi casa,

primerizas en florecer

      con el devenir de la primavera:

¿estaré admirándolas solo

hasta que oscurezca este día primaveral?

大宰師大伴 卿 の宅の宴にて
主人（大伴旅人）の詠める歌

わが園に
梅の花散る
ひさかたの
天より雪の
流れ来るかも

(Waga sono ni / ume no hana chiru / hisakata no /
ame yori yuki no / nagare kurukamo)

わが庭に梅の花が散る。
天涯の果てから雪が流れ来るよ。

Poema de Ôtomo Tabito,
anfitrión del banquete en su residencia del Dazaifu

Las flores de ciruelo caen deshojadas
y se esparcen en mi jardín;
¿viene esta nieve fluyendo
desde los distantes cielos?

66　巻五 : 八二四

宴（うたげ）にて少監阿氏奥島（せうげんあしのおきしま）（生没年不詳）の詠める歌

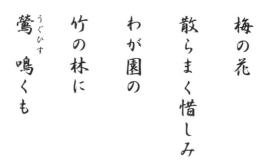

梅の花
散らまく惜しみ
わが園の
竹の林に
鶯（うぐひす）　鳴くも

(Ume no hana / chiramaku oshimi / waga sono no /
take no hayashi ni / uguisu naku mo)

梅の花の散ることを惜しんで、わが庭の竹林には鶯が鳴くことよ。

少監 (せうげん) は大宰府の三等官で従六位上相当。
阿氏奥島 (あしのおきしま) は、阿倍奥島 (あべのおきしま) のことであろう。

66   Tomo V : 824

Poema de Abe Okishima (fechas desconocidas),
lugarteniente del Dazaifu

Llorando la caída de las flores de ciruelo,
un ruiseñor trina
en el bambudal de mi jardín.

67　巻五：八五〇

後に追ひて梅の歌に和へたる歌四首の一首

雪の色を
奪ひて咲ける
梅の花
今盛りなり
見む人もがも

(Yuki no iro wo / ubaite sakeru / ume no hana /
ima sakari nari / min hito mo gamo)

雪の白さを奪うかに咲く梅の花は今が盛りのことよ、
見る人があってほしい。

この歌の作者はおそらく大伴旅人であろうと言われる。

67 Tomo V : 850

Un poema, agregado posteriormente,
en respuesta a los poemas
sobre las flores de ciruelo

Los ciruelos florecen ahora,

sus flores arrebatan

a la nieve su blancura.

¡Oh, ojalá alguien pudiera contemplarlas!

El autor de este poema será probablemente Ôtomo Tabito.

敢へて私の懐を布べたる歌三首 （その一首）

吾が主の
御霊給ひて
春さらば
奈良の都に
召上げ給はね

(A ga nushi no / mitama tamaite / haru saraba /
Nara no miyako ni / mesage tamawane)

あなたの御心をかけて下さって、春が来たら奈良の都
に私を召し上げてくださいな。

大宰師 (だざいのそち) の任を終えて奈良の都へ帰ることになった大伴旅人 (お
ほとものたびと) に、山上憶良 (やまのうへのおくら) が贈った三首の歌のうち
のひとつ。憶良の帰京は旅人が都へ帰った二年後に叶ったようだが、その前年に
旅人は病で亡くなっており二人の都での再会はなかったという。

Un poema que expresa sentimientos personales

Apiádese de mí, oh, mi maestro,

y convóqueme a Nara, la capital,

cuando llegue la primavera.

Se trata de uno de los tres poemas que Yamanoue Okura envió a Ôtomo Tabito, quien se disponía a volver a Nara, la capital, al finalizar su misión como gobernador del Dazaifu. El regreso de Okura a la capital tuvo lugar dos años más tarde. Sin embargo, Tabito había fallecido por enfermedad el año anterior, de modo que no fue posible el reencuentro de ambos poetas en la capital.

69 巻五：八九二

（山上臣憶良の）貧窮問答の歌一首　より

天地は　広しといへど

吾が為は　狭くやなりぬる

日月は　明しといへど

吾が為は　照りや給はぬ

人皆か　吾のみや然る

(Ametsuchi wa / hiroshi to iedo /
a ga tame wa / sakuya narinuru /
hitsuki wa akashi to iedo / a ga tame wa / teriya tamawanu /
hito mina ka / a nomi ya shikaru

天地は広大だというのに、自分にとっては狭くなった
のだろうか。太陽や月は明るいというのに、私のため
にはお照りにならぬのだろうか。
人は皆そうなのか。それとも自分だけそうなのか。

Del *Diálogo de los Desposeídos*,
compuesto por Yamanoue Okura

Inmensos son, dicen,
         los cielos y la tierra —
pero, ¿se han encogido para mí?
Resplandecientes son, dicen,
         el sol y la luna —
pero, ¿rehúsan ellos iluminar para mí?
¿Sucede así para todo el mundo,
         o sólo para mí?

わくらばに　人とはあるを

人並に　吾も作るを

綿も無き　布肩衣の　海松の如

わわけさがれる　襤褸のみ

肩にうち懸け

伏盧の　曲盧の内に

直土に　藁解き敷きて

wakurabani / hito towa aru wo /
hitonami ni / are mo nareru wo /
wata mo naki / nunokataginu no / miru no goto /
wawake sagareru / kakafu nomi / kata ni uchikake /
fuseio no / mageio no uchi ni /
hitatsuchi ni / wara toki shikite

たまたま人間として生きているのに、人並に自分も生
業に励んでいるのに、綿も入っていない布肩衣の、海
藻のようにばらばらと垂れ下がっているぼろばかりを
肩にはおり、潰れたような、倒れかかったいおりの内
に地面にじかに藁を解き敷いて、

Por casualidad, nací como ser humano,
trabajo arduo yo también
                    para ganarme la vida —
tanto como el que más —
pero de mis hombros cuelga
una camisa harapienta desmangada
sin forro de algodón,
estos trapos delgados
como pedazos de algas marinas.
En mi choza de bajos techos,
        mi combada choza,
durmiendo sobre pajas
cortadas y extendidas en el desnudo suelo,

父母は　枕の方に
妻子どもは　足の方に
囲み居て　憂へ吟ひ
竈には　火気ふき立てず
甑には　蜘蛛の巣懸きて
飯炊く　事も忘れて

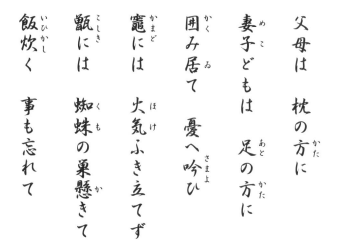

(chichihaha wa / makura no kata ni /
mekodomo wa / ashi no kata ni / kakumi ite / uree samayoi /
kamado niwa / hoke fukitatezu /
koshiki niwa / kumo no su kakite /
ii kasigu / koto mo wasurete)

父母は頭の方に妻子は足の方に自分を囲んでいて、悲しみ嘆息し、竈には火の気を立てることもなく、米蒸し器にはいつか蜘蛛の巣がかかって、飯をたくことも忘れて。

憶良がこの「貧窮問答の歌」を詠んだのは彼が筑前守の任期を終えて京へ帰った後のことと言われており、憶良が亡くなる少し前のことだったと思われる。

con mi padre y mi madre
        apiñados a mi cabecera
y mi mujer y mis niños
        acurrucados a mis pies,
deploro y lloro.
No salta ni una chispa del fogón,
y en la olla
una araña ha entretejido su tela.
¡He olvidado
lo que es cocer el arroz!

Se dice que Okura compuso este poema titulado "*Diálogo de los Desposeí-dos*", tras su regreso a la capital, finalizado su cargo como gobernador de la provincia de Chikuzen, probablemente poco antes de su fallecimiento.

70 巻五：八九三

「貧窮問答の歌」(巻伍八九二)の
長歌につけられた反歌

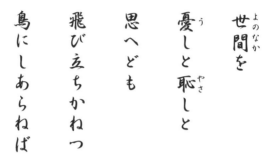

世間を
憂しと恥しと
思へども
飛び立ちかねつ
鳥にしあらねば

(Yo no naka wo / ushi to yasashi to / omoedomo /
tobitachi kanetsu / tori ni shi araneba)

世の中を辛いものだとも恥ずかしいものだとも思うけ
れど飛び立って逃げることもできない。鳥ではないの
だから。

憶良は朝廷の地方役人であったが、長歌で貧しき民の現状をつぶさに訴えたあと、
この反歌でも民の側に立ってその苦しさを嘆き訴えている。

70   Tomo V : 893

Hanka al poema largo (*chôka*) precedente
compuesto por el mismo poeta

Aunque pensemos:

este mundo es deprimente e indigno,

no podemos alzar el vuelo,

si no somos aves.

Yamanoue Okura era funcionario local de la corte imperial, pero tras
pormenorizar en su poema largo (*chôka*) la miserable situación de la
gente llana, deplora en este *hanka* también los sufrimientos del pueblo,
empatizando con ellos y compartiendo sus penurias cotidianas.

71　巻五：九〇五

男子名(をのこ)は古日(ふるひ)を恋ふる長歌のうちの
ひとつに付けられた反歌

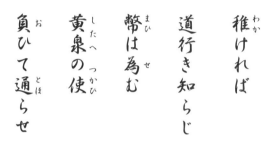

稚(わか)ければ
道行き知らじ
幣(まひ)は為(せ)む
黄泉(したへ)の使(つかひ)
負(お)ひて通(とほ)らせ

(Wakakereba / michiyuki shiraji / mai wa sen /
shitae no tsukai / oite tôrase)

まだ稚いので死出の道も知らないだろう。贈り物をす
るからあの世の使いよ、この子を背負って通してやっ
ていただきたい。

作者はおそらく山上憶良(やまのうへのおくら)で、憶良が筑前国司として筑前
にいたころに交流のあった人物の子の死に対して、その子の父親の立場に立って
詠んだ歌であろう。
幣(まひ)：神に奉る物も、人に贈る物も、賄賂をも皆マヒと云った。

71 Tomo V : 905

Hanka a uno de los poemas largos (*chôka*)
compuestos como condolencia
de la muerte del niño llamado Furuhi

El es aún pequeño,

y no conoce el camino.

Oh, ángel mensajero del otro mundo,

te haré una ofrenda.

Llévale allí volando sobre tus espaldas.

Este poema fue compuesto probablemente por Yamanoue Okura con
motivo de la muerte del hijo de su amigo cuando estaba en la provincia de
Chikuzen, Kyûshû, como gobernador.

大伴宿禰家持の初月の歌一首

振り仰けて
若月見れば
一目見し
人の眉引
おもほゆるかも

(Furisakete / mikazuki mireba / hitome mishi /
hito no mayobiki / omooyuru kamo)

空遠くふり仰いで三日月を見ると、一目だけ見た人の
引き眉が思われることよ。

大伴家持の年代の明らかな歌のうち最も早期のもので、家持16歳ぐらいの時だ
ろうといわれている。
眉引き：眉毛を剃るか、抜くかして、その上に眉を描くことをいう。

72　Tomo VI : 994

Un poema sobre la luna en cuarto creciente
compuesto por Ôtomo Yakamochi

Cuando levanto la mirada al cielo

y veo la luna creciente,

evoco las cejas perfiladas

de la mujer que sólo una vez vi.

Se dice que entre los poemas de Ôtomo Yakamochi, cuya cronología es
bien conocida, este es uno de los más tempranos, posiblemente, a sus
dieciséis años de edad.
Cejas perfiladas: delineadas sobre las rasuradas o depiladas.

73　巻七：一〇六八

天(あめ)を詠(よ)める

漕(こ)ぎ隠る見ゆ
星の林に
月の船
雲の波立ち
天(あめ)の海に

(Ame no umi ni / kumo no namidachi / tsuki no fune /
hoshi no hayashi ni / kogi kakuru miyu)

天の海に雲の波が立ち月の船が星の林に漕ぎ隠れてい
くのが見えるよ。

万葉集巻七は全巻雑歌の巻で、この歌は柿本朝臣人麿(かきのもとあそみひとま
ろ)の歌集に収録されていた歌だという。

73 Tomo VII : 1068

Sobre los cielos

En el mar del cielo
se levantan olas de nubes,
y veo
el barco de luna desaparecer
remando hacia el bosque de estrellas.

Todo el Tomo VII de *Man'yoshu* está dedicado a poemas misceláneos y este poema estaba incluido en la antología de Kakinomoto Hitomaro.

74　巻七 : 一三八二

河に寄せたる

泊瀬川（はつせかは）
流るる水沫（みなわ）の
絶えばこそ
我が思ふ（あも）心
遂（と）げじと思はめ

(Hatsusegawa / nagaruru minawa no / taeba koso /
a ga mou kokoro / togeji to omowame)

泊瀬川を流れる水の泡が絶えるならこそ、私のこの恋心も折れると思えようが。

74 Tomo VII : 1382

Sobre un río

Parece que este corazón
que te anhela
se conformaría
solamente si dejara de burbujear
el agua que fluye
por el río Hatsuse.

初瀬川（奈良県桜井市）
Río Hatsuse
(ciudad de Sakurai, prefectura de Nara)

75 巻八 : 一四二四

山部宿禰赤人の歌四首 （その一首）
やまべのすくねあかひと

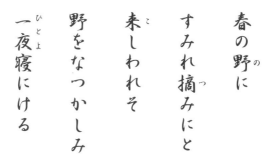

春の野に
すみれ摘みにと
来しわれそ
野をなつかしみ
一夜寝にける

(Haru no no ni / sumire tsumini to / koshi ware zo /
no wo natsukashimi / hitoyo nenikeru)

春の野にすみれを摘もうとして来た私は、 野があま
りにもなつかしいので、 一夜寝てしまったことだ。

山部赤人 (生年不詳 - 736 年 ?) は奈良時代を代表する宮廷歌人のひとり。

75　Tomo VIII : 1424

Un poema de Yamabe Akahito

Yo que vine a recoger violetas
en el campo de primavera —
tan adorable era el campo
que he pasado la noche
durmiendo en él.

Yamabe Akahito fue uno de los poetas más representativos de la corte del período Nara.

76　巻八：一五一三

穂積皇子の御歌二首（その一首）

今朝の朝明
雁が音聞きつ
春日山
黄葉にけらし
わが情痛し

(Kesa no asake / kari ga ne kikitsu / Kasugayama / momiji ni kerashi / waga kokoro itashi)

今朝の夜明けに雁の声を聞いた。もう春日山は黄葉したことだろう。思うと心が切ない。

穂積皇子 (ほづみのみこ、?–715) は天武天皇の皇子で、妻は大伴旅人の異母妹で、奈良時代屈指の女性歌人である大伴坂上郎女 (おほとものさかうへのいらつめ、700-750)。

「情痛 (こころいた) し」とは、この場合は春日山の黄葉に恋焦がれる心情をこう表現したのであろう。

76   Tomo VIII : 1513

Del príncipe Hozumi

Al alba de esta mañana
escuché graznidos de gansos silvestres;
las hojas deben de haber amarilleado
en el monte Kasuga.
El pensamiento me duele.

El príncipe Hozumi (?-715) fue hijo del emperador Tenmu y su esposa, Ôtomo Sakanoue no Iratsume (700-750), hermanastra de Ôtomo Tabito, y una de las mejores poetas del período Nara.
"El pensamiento me duele": el poeta habría expresado así su sentimiento de anhelo, ansia y nostalgia de las hojas amarillas del monte Kasuga.

77　巻八：一五一七

<ruby>長屋王<rt>ながやのおほきみ</rt></ruby> の歌一首

味酒<rt>うまさけ</rt>

三輪の祝<rt>はふり</rt>の

山照らす

秋の黄葉<rt>もみぢ</rt>の

散らまく惜しも

(Umasake / Miwa no hôri no / yama terasu /
aki no momiji no / chiramaku oshimo)

味酒三輪の神官がまもる山を輝かせる秋の黄葉の、散
るのが惜しいよ。

長屋王は天武天皇の皇孫。
三輪山 (みわやま) は奈良県桜井市にある山で、白蛇の神である大物主が棲むと
される神の山。
祝 (はふり)：神官のこと。
味酒 (うまさけ)：三輪に懸る枕詞。

77　Tomo VIII : 1517

Un poema del príncipe Nagaya (684-729)

Cuánto me apena la caída
de las hojas amarillas del otoño
que resplandecen en el divino monte Miwa
del dulce vino.

El príncipe Nagaya fue nieto del emperador Tenmu.
Véase la nota del poema 57 (IV: 712).

78　巻八：一五三九

天皇の御製歌二首（その一首）
（すめらみこと　おほみうた）

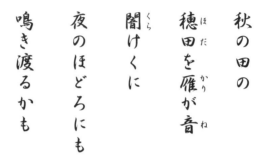

秋の田の
穂田を雁が音
闇けくに
夜のほどろにも
鳴き渡るかも

(Aki no ta no / hoda wo kari ga ne / kurakekuni /
yo no hodoro nimo / naki wataru kamo)

秋の穂の出た田を、雁はまだ暗いのに夜明け方にも鳴
き渡っていくよ。

この歌は聖武（しょうむ）天皇 (701-756) の御製といわれる。
ほどろ：夜が、しだいに明けはじめるころ。
「穂田（ほだ）」は「穂の出た田」のことで、「秋の田の穂田をかり」までが「穂
田を刈り」で同音の「雁（かり）」を引き出す序詞となっている。

78   Tomo VIII : 1539

Un poema del emperador Shômu (701-756)

¡Cómo los graznidos de los gansos salvajes

resuenan aún en la oscuridad

cuando atraviesan, al rayar el alba,

por los campos otoñales,

donde las espigas de arroz

han echado nuevos brotes!

79　巻八：一六三九

太宰師大伴 卿 の
冬の日に雪を見て京を憶へる歌一首

沫雪の
ほどろほどろに
降り敷けば
平城の京し
思ほゆるかも

(Awayuki no / hodorohodoroni / furi shikeba /
Nara no miyako shi / omooyuru kamo)

沫雪がまだらに降りつづくと、平城の京が思われるこ
とよ。

「ほどろ」は「はだれ」などとおなじ意味で、雪などがはらはら降る様のこと。
この歌は太宰師として大宰府 (今の福岡県太宰府市) に赴任していた大伴旅人 (お
ほとものたびと) が詠んだ一首。大伴旅人は大伴家持 (おほとものやかもち) の父。
奈良時代は現在よりも気温が低く奈良の京も冬には雪の多い土地だったようで、
あまり雪の降らない大宰府でめずらしく見た雪に奈良の京を思い出したのであろ
う。

79   Tomo VIII : 1639

Poema compuesto por Ôtomo Tabito,
al contemplar la nieve que caía un día de invierno
y recordar la capital

Igual que la ligera nevada

continúa cayendo

esparcida,

así mis pensamientos se trasladan

a Nara, la capital.

平城京跡（奈良県奈良市）
Palacio Heijô en Nara

En el período Nara la temperatura era más baja que en la actualidad
y parece que en la capital, Nara, nevaba con frecuencia. Al ver la nieve
en la actual ciudad de Dazaifu, prefectura de Fukuoka, en la isla de
Kyûshû, situada bastante más al sur, donde raras veces nevaba, el poeta
probablemente recordó la capital.

<ruby>大伴坂上郎女<rt>おほともさかのうえのいらつめ</rt></ruby>の歌一首

沫雪の
この頃続ぎて
かく降れば
梅の<ruby>初花<rt>はつはな</rt></ruby>
散りか過ぎなむ

(Awayuki no / kono koro tsugite / kaku fureba /
ume no hatsuhana / chiri ka suginan)

沫雪がこの頃は毎日このように降るので、梅の初花は
散り果ててしまうだろうか。

大伴坂上郎女 (おほともさかのうえのいらつめ) については p.136(IV:527) 参照。

80 Tomo VIII : 1651

Poema de la Dama Ôtomo Sakanoue

Estos días la ligera nevada
continúa cayendo sin cesar;
¿las primeras flores de ciruelo
caerán todas despetaladas?

Sobre la Dama Ôtomo Sakanoue, véase la nota de la pág. 137 (IV: 527).

野遊（作者不詳）

百礒城の
大宮人は
暇あれや
梅をかざして
ここに集へる

(Momoshiki no / ômiyabito wa / itoma areya /
ume wo kazashite / koko ni tsudoeru)

今日は御所に仕え申す人達も、お暇であろうか、梅を
髪に挿して、この野に集っていられる。

「百礒城の」は大宮にかかる枕詞で、百石城（ももしき）即ち、多くの石を以て
築いた城という意。

Recreándose en el campo (poema anónimo)

¿Estarán en sus ratos de asueto?
Las cortesanas del gran palacio,
*　　de su fuerte baluarte de piedras,*
se reúnen aquí con guirnaldas
de flores de ciruelo en sus cabellos.

82 巻十一：二六六〇

物に寄せて思ひを陳べたる歌
三百二首 （その二首）

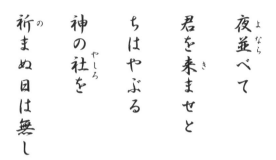

夜並べて
君を来ませと
ちはやぶる
神の社を
祈まぬ日は無し

(Yo narabete / kimi wo kimase to / chihayaburu /
kami no yashiro wo / nomanu hi wa nashi)

夜ごと夜ごとにあなたがどうかいらしてと霊験あらた
かな神の社に祈らぬ日はありません.

ちはやぶる：(威勢の強い意で)「神」「宇治」にかかる枕詞。

Poemas que expresan sentimientos a través
de las cosas

No pasa ni un sólo día

sin que ruegue en el santuario
                    de los milagrosos dioses:

¡Oh, que venga mi señor a mi lado
        noche tras noche!

83　巻十一：二六六八

作者不詳

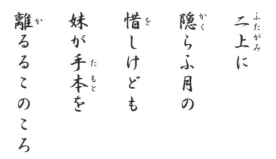

二上（ふたがみ）に
隠（かく）らふ月の
惜（を）しけども
妹が手本（たもと）を
離（か）るるこのころ

(Futagami ni / kakurau tsuki no / oshikedomo /
imo ga tamoto wo / karuru kono koro)

西空の二上山に隠れてしまう月のように惜しいのだ
が、妻の手枕を離れているこのごろよ。

手本 (たもと) : 共寝の手枕。

83   Tomo XI : 2668

Poema anónimo

Estos días me he alejado,
tan remoto de mi mujer,
aunque me arrepiento de ello
como el escondite de la luna
tras el monte Futakami.

二上山
monte Futakami

作者未詳

露にあらましを
朝は消ぬる
夕 置きて
ものと知りせば
かく恋ひむ

(Kaku koin / mono to shiriseba / yûbe okite /
ashita wa kenuru / tsuyu ni aramashi wo)

恋というものは一緒にいてさえこんなにも絶えず恋し
いものと知っていたら、いっそ夕べにおりて朝にはい
つの間にか消えているあの草の葉の露玉でありたいも
のよ。

84 Tomo XII : 3038

Poema anónimo

Si hubiera sabido que
mi mal de amores iba a ser tan penoso,
habría deseado ser el rocío
que cae en la noche
para desvanecerse en la mañana.

東歌（下総国歌）より

葛飾の
真間の浦廻を
漕ぐ船の
船人騒く
波立つらしも

(Kazushika no / mama no urami wo / kogu fune no /
funabito sawagu / nami tatsu rashimo)

葛飾の真間浦の海岸を漕いでいる船の舟人たちが騒い
でいる。波が大きく立っているようだ。

下総国は現在の千葉県北部と茨城県西部を主たる領域とする旧国名。
真間 (まま) の浦廻 (うらみ)：今の千葉県市川市にあった入江。今日では内陸に
あたるが当時は入海であった。
浦廻は、入江の湾曲部。

85 Tomo XIV : 3349

Azuma Uta (Poemas de la Tierra del Este):
Un poema de la provincia de Shimotsufusa

Los barqueros gritando
en la barca que reman
por la caleta de Mama en Katsushika —
parece que las olas están arreciando.

La provincia de Shimotsufusa comprende actualmente el norte de la
prefectura de Chiba y el oeste de la prefectura de Ibaragi.
La caleta de Mama en Katsushika estaba situada en la actual ciudad de
Ichikawa, prefectura de Chiba, pero hoy en día está sobre tierra firme.

86　巻十四：三四〇〇

東歌（信濃の相聞歌）より

信濃なる
千曲の川の
細石も
君し踏みてば
玉と拾はむ

(Shinanu naru / Chiguma no kawa no / sazareshi mo /
kimi shi fumiteba / tama to hirowan)

信濃にある千曲川のほとりのさざれ石でもあなたが踏んだのなら宝玉だと思って拾います。あなたのみ魂が触れた　縁のある石として。

Azuma Uta (Poemas de la Tierra del Este):
un poema de la provincia de Shinano

Aún los guijarros

a orillas del río Chikuma en Shinano,

si por tus pies son pisados,

los recogeré como piedras preciosas.

千曲川（長野県）
Río Chikuma

La provincia de Shinano corresponde a la actual prefectura de Nagano.
"Piedras preciosas", *tama* en japonés, se asocia con la palabra *tamashii*,
que significa "alma".

東歌　（相聞）

稲搗けば
かかる我が手を
今夜もか
殿の若子が
取りて嘆かむ

(Ine tsukeba / kakaru a ga te wo / koyoi mo ka /
tono no wakugo ga / torite nagekan)

稲を搗くのであか切れのした私の手を、今夜もまた、
お屋敷の若様は手にとって嘆きなさるでしょうか。

これは農民の若い女性たちが稲を搗きながら歌った作業歌。

Azuma Uta (Poemas de la Tierra del Este):
"Una canción de amor"

¿El joven hijo del señor de la casa solariega,
esta noche también
tomará mis endurecidas y agrietadas manos
por moler el arroz, y suspirará?

Se trata de una canción de labor cantada por un grupo de jóvenes mujeres campesinas moliendo arroz juntas.

88　巻十五：三五八〇

遺新羅使（けんしらぎし）に加わった夫を見送る妻の歌

（作者未詳）

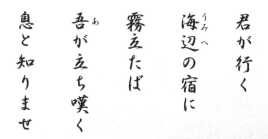

君が行く

海辺（うみへ）の宿に

霧立たば

吾（あ）が立ち嘆く

息と知りませ

(Kimi ga yuku / umibe no yado ni / kiri tataba /
a ga tachi nageku / iki to shirimase)

（これから）あなたが行く途中の海辺の宿に霧が立てば、（それはきっと）私が立ちすくんで嘆いているため息だと思ってください。

88   Tomo XV : 3580

Poema anónimo de una esposa
que despide a su esposo
que parte como miembro
de la embajada a Silla, Corea, del año 736 d.c.

Si una neblina se levanta en tu camino,
donde te hospedas a orillas del mar,
advierte que es mi aliento
que por ti suspiro aquí inmóvil.

89　巻十五：三六九〇

新羅への旅の途中での仲間の死を悼んだ挽歌
（作者未詳）

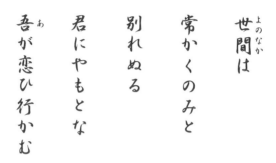

世間は
常かくのみと
別れぬる
君にやもとな
吾が恋ひ行かむ

(Yo no naka wa / tsune kaku nomi to / wakarenuru /
kimi niya motona / a ga koi yukan)

世の中というものは、いつもこのようでしかないもの
とばかりに死んでいったあなたをわけもなく偲びなが
ら、私は旅を続けてゆくのだろうか。

もとな：わけもなく、根拠なく。

89   Tomo XV : 3690

Treno anónimo compuesto
por un miembro de la embajada dedicado
a otro miembro que murió de camino a Silla, Corea

¿Voy a seguir

    la ruta de este viaje sin sentido,

añorándote a ti, que has partido,

    como queriendo decir

que este mundo ha sido así desde siempre?

90　巻十五：三七二七

都から追放され越前に流刑になった
中臣宅守の贈答歌

塵泥の
数にもあらぬ
われ故に
思ひわぶらむ
妹が悲しさ

(Chirihiji no / kazu nimo aranu / ware yue ni /
omoi waburan / imo ga kanashisa)

塵や泥のように物の数にも入らない私のために、思い
悩んでいるであろうお前がいとおしくてならない。

中臣宅守 (なかとみのやかもり) (生没未詳) は奈良時代 (710-794) の貴族・歌人。

90   Tomo XV : 3727

Poema compuesto por Nakatomi Yakamori,
de camino a Echizen,
tierra donde le aguardaba el exilio

¡Cuánto me compadezco de ti, mi amor!
Te preocupas tanto por mí,
despreciable como soy, polvo o barro.

Echizen corresponde a la actual prefectura de Fukui.
Nakatomi Yakamori (fechas desconocidas) fue aristócrata y poeta del
período Nara (710-794).

91　巻十六：三八四九

世間（よのなか）の無常を厭（いと）へる歌二首（その一首）

生死（いきしに）の
二つの海を
厭（いと）はしみ
潮干（しほひ）の山を
しのひつるかも

(Ikishini no / futatsu no umi wo / itowashimi /
shiohi no yama wo / shinobitsuru kamo)

生と死との二つの海がいとわしいので、潮のない山が
慕わしいことよ。

生や死を二つの苦海にたとえ、生死から解脱した山（須弥山（しゅみせん））へ
の憧れを詠っている。
須弥山（サンスクリット：Sumeru）は、古代インドの世界観の中で中心にそび
える山。
この歌は奈良県明日香村にあった川原寺（かわはらでら）の仏堂の中の琴の表面
に記されていたという。

Poema que aborrece lo efímero
y la evanescencia de la vida en este mundo

Detesto los dos mares

    de la vida y la muerte,

y así anhelo las montañas

    donde nunca alcanzan las mareas.

Compara la vida y la muerte a los malignos mares y anhela el monte
Meru, montaña mítica considerada sagrada y liberada de la vida y la
muerte. El monte Meru (*Sumeru* en sánscrito) es la montaña que se
yergue en el centro de la cosmovisión de la antigua India. Se dice que este
poema estaba grabado en la superficie del *koto* (arpa japonesa) encontrada
en el templo budista Kawara-dera en Asuka, actual prefectura de Nara.

能登郡の香島（かしま）の津より発船して、
熊来村（くまき）を指して往きし時に
大伴家持の作れる歌

香島（かしま）より

熊来（くまき）をさして

漕ぐ船の

楫（かじ）取る間（ま）なく

都（みやこ）し思ほゆ

(Kashima yori / Kumaki wo sashite / kogu fune no /
kaji toru ma naku / miyako shi omooyu)

香島から熊来に向けて漕ぐ船の、梶の手を休めること
のないように、都が絶えず思われるよ。

家持は国守（国司）として現在の富山県高岡市にあった国衙（こくが）を発ち、
能登の各地を巡行していた。都では元正（げんしょう）上皇（680-748 d.c. 独身
で即位した初めての女性天皇）が危篤状態に陥り、やがてこの世を去った。

Poema compuesto por Ôtomo Yakamochi
en su viaje desde el puerto de Kashima
a la aldea de Kumaki

Pienso en la capital

sin un instante de reposo,

como los remos que no cesan

de la barca que se dirige

desde Kashima hacia Kumaki.

Como funcionario enviado por el gobierno central, Yakamochi partió de
su gabinete en la actual ciudad de Takaoka, prefectura de Toyama, para
inspeccionar distintas regiones de la península de Noto. En la capital la
emperatriz retirada Genshô (680-748 d. c.), primera emperatriz soltera
que ocupó el trono, se encontraba grave y falleció poco después.

93　巻十九：四一三九

天平勝宝二年三月一日の暮に、
春の苑の桃李の花を眺めて
大伴家持の作れる二首（その一首）

春の苑
紅にほふ
桃の花
下照る道に
出で立つ少女

(Haru no sono / kurenai niou / momo no hana /
shita teru michi ni / idetatsu otome)

春の苑に紅がてりはえる。
桃の花の輝く下の道に、立ち現れる少女。

にほふ：色に染まる。色が美しく輝く。

93   Tomo XIX : 4139

Poema compuesto por Ôtomo Yakamochi,
al ver las flores del melocotón
y las ciruelas damascenas en el jardín primaveral,
en el crepúsculo del primer día del tercer mes,
del segundo año de Tenpyô Shôhô (750)

El jardín de primavera,

el brillante carmesí:

doncella que aparece

en pie en la senda

bajo el esplendor
     de las flores del melocotonero.

天平勝宝二年三月二日に、
大伴家持が柳鬘を攀ぢて
京師を思へる歌一首

春の日に
張れる柳を
取り持ちて
見れば都の
大路し思ほゆ

(Haru no hi ni / hareru yanagi wo / torimochite /
mireba miyako no / ôji shi omooyu)

春日にふくらんだ柳を折りとって見ると、都の大路が
しのばれるよ。

「柳鬘」「張れる柳」は、平城京柳並木の朱雀大路行き交う都の女たちの美しい眉
目、姿を掛けている。古代の都の大路や地方の主要道に街路樹としてしだれ柳が
植えられていたという。

Poema compuesto por Ôtomo Yakamochi
el segundo día del tercer mes,
del año 750 cuando el poeta quebró una rama
de sauce llorón,
hermoso como las cejas de una mujer,
y recordó la capital

Desgajo con admiración

una rama de sauce

bien crecido un día de primavera,

y pienso en las anchas avenidas de la capital.

平城京跡（奈良県奈良市）
Palacio Heijô en Nara

Se dice que las avenidas de la capital y las grandes ciudades estaban
flanqueadas por sauces llorones en aquellos tiempos.

大伴家持による
堅香子の花を攀ぢ折る歌一首

堅香子の花

寺井の上の

汲み乱ふ

八十娘子らが

もののふの

(Mononofu no / yaso otomera ga / kumi magau /
terai no ue no / katakago no hana)

大勢の乙女たちが入り乱れて水を汲む、寺の泉のほと
りにひっそりと咲くカタクリの花よ。

もののふ：「物部(もののふ)」は宮仕えの文武百官で、多くの出身氏がいたこと
から、「八十」にかかる枕詞。
八十(やそ)：数の非常に多いこと。
乱(まが)ふ：入りまじる；入り乱れる。
上(うへ)：あたり、ほとり、付近。
堅香子(かたかご)：カタクリ。うつむきかげんにひっそりと咲く可憐な花。

95   Tomo XIX : 4143

Poema de Ôtomo Yakamochi
sobre la flor "diente de perro" al arrancarla,
el mismo día que escribió el poema anterior

A la orilla de la fuente del templo,

muchas doncellas animadas sacando agua

y los dientes de perro se abren discretos.

Dientes de perro: *Katakuri* en japonés (*Erythronium japonicum*), flor de
gran belleza que florece discreta y cabizbaja sin llamar la atención.

春日（かすが）に神を祭りし日に、
光明（こうみょう）皇后の作りませる歌一首。
即ち入唐大使（にふたうだいし）藤原朝臣清河（きよかは）に賜へり。

大船（おほふね）に
楫（まかぢ）しじ貫（ぬ）き
この吾子（あこ）を
唐国（からくに）へ遣（や）る
斎（いは）へ神たち

(Ôfune ni / makaji shijinuki / kono ako wo /
karakuni e yaru / iwae kamitachi)

大船に櫂（かい）をたくさん取りつけて、この我が子を唐の国
へ遣（つか）わします。どうかお守りください、神々よ。

藤原朝臣清河 (ふじわらのあそんきよかわ、生没未詳) は聖武天皇 (701-756) の
皇后、光明皇后 (こうみょうこうごう、701-760) の甥。天平勝宝二年 (西暦 750 年)
に遣唐使として任命された。帰路船が驪州 (かんしゅう、現在のベトナム) に流
されその後唐の地で亡くなる。
「大船に楫 (まかぢ) しじ貫き」とは官船での航海の出で立ちをいう慣用句で、「大
船の舷 (ふなばた) に櫂をたくさん取りつけて」の意。

96   Tomo XIX : 4240

Poema compuesto por la emperatriz Kômyô,
el día en que se ofreció un ritual a los dioses
en los campos de Kasuga.
El poema fue enviado entonces a Fujiwara Kiyokawa,
quien había sido nombrado embajador en China.

En un gran buque,

sus costados atravesados

con remos de proa a popa,

enviamos a nuestro hijo a China.

¡Concededle, oh dioses, vuestras bendiciones!

Fujiwara Kiyokawa (fechas desconocidas) fue sobrino de la emperatriz
Kômyô (701-760), consorte del emperador Shômu (701-756), nombrado
embajador en China (750). En su camino de regreso, el barco fue
arrastrado por una tempestad al sur (actual Vietnam), y posteriormente
falleció en China.

天平勝宝（てんぴょうしょうほう）七年二月六日、
交替で筑紫（つくし）に遣（つか）わされる諸國の防人（さきもり）らの歌

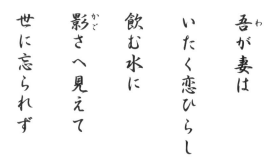

吾（わ）が妻は
いたく恋ひらし
飲む水に
影（かご）さへ見えて
世に忘られず

(Waga tsuma wa / itaku koirashi / nomu mizu ni /
kago sae miete / yo ni wasurarezu)

妻はひどく私を恋い慕っているらしい。私が飲む水に
妻の面影さえ見えて、とても忘れられない。

恋ひらし：「恋ふ（う）らし」の上代東国方言。
影（かご）：影（かげ）の上代東国方言。
世に：決して、全然、断じて。
作者：若倭部身麻呂（わかやまとべのみまろ、生没年未詳）。遠江国（とおとうみのくに）（今の静岡県）麁玉（あらたま）郡の人。

97 Tomo XX : 4322

Uno de los Siete
"Poemas de *Sakimori* (guardias de frontera)"
compuestos por soldados reclutados
en las provincias del noreste del país
y enviados a Kyûshû e islas colindantes,
escrito éste por Wakayamatobe Mimaro

Mi mujer debe de suspirar por mí

    desconsoladamente.

Me aparece su imagen hasta en el agua que bebo.

No podré olvidarla nunca jamás.

Wakayamatobe Mimaro (fechas desconocidas) era originario de la actual
prefectura de Shizuoka.

駿河国の防人玉作部広目の歌

我ろ旅は
旅と思ほど
家にして
子持ち痩すらむ
わが妻かなしも

(Waro tabi wa / tabi to omohodo / ii ni shite /
ko mechi yasuran / waga mi kanashimo)

私の旅は、これが旅というものだと 思って辛抱もできるが、家に残って子どもを抱えて痩せているであろう妻が、かわいそうなことだ。

玉作部広目 (たまつくりべひろめ、生没年不詳) は、奈良時代の防人。駿河国 (現在の静岡県) の人。
「わろ (＝わが)」「おめほど (＝おもへど)」「いひ (＝いへ)」「こめち (＝こもち)」「わがみ (＝わがめ)」は上代東国方言

Poema de Tamatsukuribe Hirome,
guardia de frontera,
procedente de la provincia de Suruga
(actual prefectura de Shizuoka)

Puedo soportar mi viaje:

sé que así es un viaje.

Mas me aflige pensar en mi mujer,

quien, permaneciendo en el hogar,

debe de estar enflaqueciendo,

agobiada por las preocupaciones de los hijos.

Tamatsukuribe Hirome (fechas desconocidas) fue un guardia de frontera
del período Nara, enviado desde la provincia de Suruga.

防人の歌より若舎人部廣足の作

難波津に
御船下ろす𞥊
八十梶貫き
今は漕ぎぬと
妹に告げこそ

(Naniwatsu ni / mifune oro sue / yaso kanuki /
ima wa koginu to / imo ni tsuge koso)

難波の港に御船を下ろし据え、多くの櫓を通して、今
こそ漕ぎ出でたとあの人に伝えてください。

常陸（ひたち、茨城県）の人。防人（さきもり）はまず陸路難波（なにわ）（大阪）
に集められ、難波津（なにわつ、大阪湾にあった港）から船で筑紫（福岡）へ派
遣された。

Otro poema extraído de "Poemas de *Sakimori*
(guardias de frontera)"

¡Oh!, díganle a mi mujer

que hemos fletado el barco imperial

en el atracadero del puerto de Naniwa

e, instalando ochenta remos en él,

estamos remando en estos momentos

hacia el mar.

El autor es Wakatoneribe Hirotari, joven guardia de frontera, procedente
de Hitachi (actual prefectura de Ibaragi). Los guardias de frontera
reclutados fueron reunidos primero en Naniwa (actual Osaka) por tierra y
desde allí fueron enviados a Tsukushi (Fukuoka, en Kyûshû) por mar.

100　巻二十：四五一六

三年の春正月一日に、因幡国の庁にして、
饗を国郡の司等に賜へる宴の歌一首

新しき
年の始の
初春の
今日降る雪の
いや重け吉事

(Aratashiki / toshi no hajime no / hatsuharu no /
kyô furu yuki no / iya shike yogoto)

新しい年のはじめの、新春の今日を降りしきる雪の
ように、いっそう重なれ、吉き事よ。

天平宝字3年（西暦759年）正月1日、因幡（今の鳥取県東部）の国守であっ
た大伴家持は、因幡の官人たちを集めて新年の宴を開き、その席上で披露された
もの。天皇の代理として地方を治める国守の立場から、一同のいやさかを願った
歌。万葉集最後の歌。

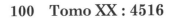

100   Tomo XX : 4516

Poema compuesto en un banquete
en honor a los oficiales locales
durante las celebraciones en las dependencias
del gobierno provincial en la tierra de Inaba,
el día de Año Nuevo,
el tercer año de Tenpyô Hôji (759)

Que los buenos augurios
se acumulen aún más
como la nieve que cae este día,
este primer día,
al inicio de un nuevo año.

Poema compuesto por Ôtomo Yakamochi, gobernador provincial de Inaba
(actual prefectura de Tottori), cuando invitó a los oficiales locales para
celebrar la fiesta de Año Nuevo. Rogó a los dioses por la prosperidad de
todos ellos como gobernador de la provincia y lugarteniente del emperador.
Es el último poema de la antología *Man'yoshu*.

「藤原京跡と耳成山」（奈良県橿原市）

Vestigios de Fujiwara-kyô y el monte Miminashi
(ciudad de Kashihara, prefectura de Nara)

訳・注 Traducción directa del japonés y notas

伊藤昌輝（いとう　まさてる）

1941年大阪市生まれ。駐ホンジュラス大使、駐ベネズエラ大使。訳書に『コルテス報告書簡』（法政大学出版局）、日本文学のスペイン語訳に『方丈記』（ベネズエラ、アルゼンチン）、『閑吟集』（アルゼンチン）、『梁塵秘抄』（ベネズエラ）、『芭蕉文集』（アルゼンチン）、『スペイン語で奏でる方丈記』『スペイン語で詠う小倉百人一首』『スペイン語で親しむ石川啄木　一握の砂』『スペイン語で旅するおくのほそ道』（いずれも大盛堂書房）がある。

Masateru Ito (Osaka, Japón, 1941)
Embajador en Honduras y Venezuela; ha traducido al japonés las Cartas de Relación de Hernán Cortés y al español las obras clásicas de la literatura japonesa: Hojoki (siglo XIII), Kanginshu (siglo XVI), Ryojin-hisho (siglo XII), Diarios de viaje de Basho (siglo XVII), "HOJOKI – Canto a la vida desde una Choza", "Cien Poetas, Un Poema Cada Uno – Ogura Hyakunin Isshu", "UN PUÑADO DE ARENA – Ishikawa Takuboku", y "SENDAS DE OKU." (Taiseido Shobo).

監修・CD 朗読

Revisión de la traducción・Recitación del texto español

エレナ・ガジェゴ・アンドラダ

1967年スペインブルゴス市生まれ。マドリードコンプルテンセ大学イスパニア圏文献学修士。セビリヤ大学において比較文化・翻訳論の博士号取得。京都大学で日本文学を専攻、多くの日本文学作品をスペイン語に翻訳。上智大学外国学部イスパニア語学科准教授。

Elena Gallego Andrada (Burgos, España, 1967)
Licenciada en Filología Hispánica por la Universidad Complutense de Madrid y doctora en Culturas Comparadas y Teoría de la Traducción por la Universidad de Sevilla, estudió Literatura japonesa en la Universidad de Kioto y ha traducido al español numerosas obras literarias japonesas. Es profesora titular del Departamento de Estudios Hispánicos en la Universidad Sofía de Tokio.

画像提供・協力者　Facilitadores de imágenes y colaboradores

カバー表：三十六歌仙額　大伴家持（狩野探幽 画　慶安元年（1648）

金刀比羅宮 蔵 ）

Portada: Biombo de los Treinta y Seis Poetas Inmortales, Ôtomo Yakamochi (Pintura de Kanô Tanyû, primer año de Keian (1648), conservada en Kotohira-gu o Templo Sintoísta de Konpira)

資料　宝永版本万葉集　奈良県立万葉文化館 蔵
Perteneciente al Museo de Cultura Man'yo de la prefectura de Nara

First Published in　July , 2020
Title: Colección de la miríada de hojas Man'yoshu
Traducción de Masateru Ito
Revisión de la traducción : Elena Gallego Andrada
Publishers: Taiseido Shobo Co., Ltd.
4-13 Aotani-cho 4-chome, Nada-ku,
Kobe, Japan 657-0805　Tel. 078-861-3436 Fax. 078-861-3437

2020 年 7 月 25 日　第 1 版第 1 刷発行

書名：**スペイン語で愛でる万葉集**

著者： 伊藤 昌輝

監修： エレナ・ガジェゴ・アンドラダ

発行人　松井宏友
発行所　株式会社 大盛堂書房
http : //www.taiseido-shobo.co.jp/
〒 657-0805　兵庫県神戸市灘区青谷町 4 丁目 4-13
電話　078-861-3436　Fax　078-861-3437
振替　01120-5-14660

印刷・製本　モリモト印刷株式会社

ISBN978-4-88463-126-0